HISTOIRE

DU

MOYEN AGE

INVASION DES BARBARES. — EMPIRE D'OCCIDENT.

Grande-Bretagne. — Gaules.

France. — Italie. — Empire d'Orient. — Perse. — Mahométisme.

ANGLETERRE, — ALLEMAGNE, etc.

3me ÉDITION, PUBLIÉE

par Ad. Rion

fondateur de la collection des Bons Livres à 10 c.

PARIS, DÉPARTEMENTS

CHEZ TOUS LES LIBRAIRES

Ils sont priés de s'adresser à leurs *Commissionnaires*, ou aux maisons
HACHETTE, SCHULZ, ALLOUARD, VERNAY,
MANGINOT, GUÉRIN, COSTE, BROUILLET, GAULON, GOIN, CLAVERIE

Bons Livres
N° 18

TABLE

HISTOIRE

DU

MOYEN AGE

L'histoire du moyen âge comprend un intervalle de 1058 années, et forme une époque intermédiaire entre deux âges de civilisation, celui de la civilisation des anciens Grecs et des Romains, et celui de la civilisation moderne. Elle commence à la prise de Rome par Odoacre, roi des Hérules, en 476.

L'époque à laquelle on assigne la fin du moyen âge est la prise de Constantinople, par les Turcs-Ottomans. en 1453.

L'histoire du moyen âge, ainsi que l'histoire des temps modernes, est une histoire complexe qui embrasse dans la réalité autant d'histoires distinctes qu'il a paru de peuples, qu'il s'est formé d'Etats depuis la dissolution de la société antique. Faire marcher toutes ces histoires de front, de manière à bien faire comprendre l'enchaînement des événements et à graver dans la mémoire les faits qui appartiennent à chacune d'elles, tel est le but que l'on s'est proposé dans ce résumé historique, que nous avons cru devoir faire précéder d'un tableau chronologique indiquant les principaux événements qui se sont passés en Europe depuis l'année 395 jusqu'à l'année 1453.

TABLEAU CHRONOLOGIQUE DE L'HISTOIRE DU MOYEN AGE.

An de J. C.

395. Division de l'empire romain.
406. Invasion d'Alaric.
406. Invasion de Radagaise.
407. Invasion de la Gaule.
409. Prise de Rome par Alaric.
417. Les Bourguignons s'établissent entre la Saône et le Jura.
419 Fondation du royaume des Suèves en Espagne.
420. Les Francs, sous la conduite de Pharamond, paraissent pour la première fois sur les bords du Rhin.
430. Clodion, fils de Pharamond, pénètre dans la Gaule.
442. Invasion des Huns en Thrace et en Illyrie sous la conduite d'Attila.
448. Invasion de la Grande-Bretagne par les Anglo-Saxons.
451. Invasion des Gaules par Attila.
452. Invasion des Huns en Italie.
455. Prise de Rome par les Vandales.
476. Odoacre, roi des Hérules, se rend maître de Rome, force l'empereur Romulus-Augustule à abdiquer, et met fin à l'empire romain d'Occident.
481. Clovis se rend maître de toute la Gaule.
486. Bataille de Soissons.
493. Théodoric, roi des Ostrogoths, fait la conquête de l'Italie.
496. Bataille de Tolbiac.
511. Les quatre fils de Clovis se partagent ses Etats.
553. Fin de la monarchie des Ostrogoths. L'Italie redevient momentanément province romaine.
558. Clotaire Ier, quatrième fils de Clovis et roi de Soissons, devient seul possesseur des Etats de son père.
568. Envahissement de l'Italie par les Lombards, Empire romain d'Orient, de 395 à

An de J. C.

570. Naissance de Mahomet.
584. Clotaire II réunit toute la monarchie, réforme le royaume et assure la paix publique.
587. Traité d'Andelot, qui assure au roi d'Austrasie la succession du roi de Bourgogne.
622. Mahomet proscrit par sa tribu s'enfuit à Médine, et de cette fuite date l'ère des Musulmans.
632. Conquête de la Syrie par les Arabes.
638. Commencement de l'histoire des Perses.
638 à 640. Conquête de l'Egypte et de la Perse par les Musulmans ou Sarrasins.
652. Fin de l'histoire des Perses.
660. Avénement des Omniades.
673. Dagobert II recouvre le royaume d'Austrasie. Commencement du règne des rois fainéants.
692. Conquête de l'Afrique par les Sarrasins.
707. Conquêtes des Arabes musulmans en Orient.
710. Invasion des Musulmans en Espagne.
711. Bataille de Xérès gagnée par les Sarrasins sur les Espagnols.
721. Invasion de la France par les Sarrasins.
732. Les Sarrasins sont défaits aux environs de Tours par Charles-Martel.
750. Fin de la dynastie des Omniades.
751. Pépin le Bref se fait élire roi des Francs; fin de la dynastie des Mérovingiens.
768. Conquête de l'Aquitaine par Pépin le Bref.
769. Partage des Etats de Pépin et de Charlemagne.
774. Charlemagne défait les Saxons à la bataille de Lipspring.
777. Entrée de Charlemagne en

10.

An de J. C.

Espagne. Journée de Roncevaux.

780. Défaite des Saxons dont les terres distribuées au clergé furent l'origine de la souveraineté des évêques et des abbés allemands.

785. Nouvelle défaite des Saxons et soumission de Witikind.

800 Charlemagne, maître d'une partie de l'Europe connue, est couronné empereur à Rome par le pape Léon III. De cette époque date la commencement de la puissance temporelle des papes.

814. Mort de Charlemagne.

827. Fin de l'heptarchie saxonne en Angleterre.

841. Bataille de Fontenay.

842. Paix de Verdun.

843. Démembrement de l'empire de Charlemagne.

845. Excursions et ravages des Normands qui s'avancent jusqu'aux portes de Paris.

877. Mort de Charles le Chauve. Etablissement de la féodalité.

880. Schisme entre l'Eglise grecque et l'Eglise latine.

912. Rollon, chef des Normands, prend Rouen et s'établit dans cette partie de la France qui prit le nom de Normandie.

996. Othon le Grand est élu empereur de la Germanie.

952. Othon est sacré empereur à Rome.

997. Hugues Capet est élu roi de France.

1001. Les Danois et les Suédois font une descente en Angleterre, et forcent les Anglo-Saxons à subir une paix honteuse.

1015-1036. Le Danois Canut le Grand rallie à son gouvernement les Anglais et les Saxons, à la tête desquels il fait la conquête de la Norwége. A la mort de ses

An de J. C.

fils, les Saxons se délivrent de la domination danoise et replacent sur le trône les descendants de leurs anciens rois.

1017. Union des Génois et des Pisans contre les Lorrains.

1037. Réunion des royaumes de Léon et de Castille.

1058. Une troupe d'aventuriers normands chasse de la Sicile les Sarrasins.

1066. Conquête de l'Angleterre par Guillaume le Bâtard.

1067. Les Turcs Seldjoucides attaquent l'empire grec et lui enlèvent l'Asie Mineure.

1073. Le moine Hildebrand est élu pape sous le nom de Grégoire VII.

1074. Commencement des querelles du sacerdoce et de l'empire, au sujet des investitures, entre le pape Grégoire VII et l'empereur Henri IV.

1087. Première guerre entre la France et l'Angleterre au sujet de la Normandie.

1095. Concile de Clermont. Première croisade.

1099. Prise de Jérusalem.

1114. Les villes de la Lombardie, Milan, Pise, Venise, Pavie, Gênes, commencent à s'ériger en républiques.

1138. Avénement de la maison de Souabe à l'empire, par le couronnement du duc de Franconie Conrad III.

1147. Seconde croisade.

1152. Louis le Jeune répudie Eléonore de Guyenne.

1154. Invasion du Piémont par Fréd. Barberousse.

1164. Formation dans la Vénétie de la ligue lombarde pour l'affranchissement de l'Italie.

1171. Conquête de l'Irlande par les rois d'Angleterre.

1173. Guerre de l'Angleterre et de la France.

1185. Paix de Constance.

1187. Le sultan Saladin reprend Jé-

An de **J. C.**

rusalem sur les chrétiens.
1189. Troisième croisade.
1191. Prise de St-Jean-d'Acre.
1202. Quatrième croisade.
1204. Commission établie en Languedoc pour juger les hérétiques (Albigeois). Origine de l'Inquisition.
1206. Gengis-Kan fonde en Asie le vaste empire des Mongols.
1207. Guerre des Albigeois.
1214. Bataille de Bouvines gagnée par Philippe Auguste.
1215. Jean-sans-Terre, roi d'Angleterre, chassé de sa capitale, est forcé de souscrire la grande charte, loi fondamentale de la constitution anglaise.
1217. Cinquième croisade.
1222. Concordat de Worms qui met fin à la querelle des investitures.
1226. Seconde ligue lombarde.
1226. Louis IX, dit saint Louis, monte sur le trône de France.
1228. Sixième croisade.
1248. Septième croisade.
1250. Saint Louis est fait prisonnier par les Musulmans.
1250. Commencement du grand interrègne allemand.
1261. Michel Paléologue rétablit à Constantinople le siége de l'empire grec.
1266. Bataille de Bénévent.
1270. Mort de saint Louis devant Tunis.
1273 Avénement de Rodolphe de Habsbourg au trône d'Allemagne, avec lui commence la puissance de la maison d'Autriche.
1289. Vêpres siciliennes.

An de J. C.

1300. Fondation de l'empire turc moderne.
1304. Bataille de Mons-en-Puelle gagnée sur les Flamands par Philippe le Bel.
1309. Translation du Saint-Siége à Avignon.
1314. Extinction de l'ordre des Templiers.
1328. Mort de Charles le Bel et fin de la première branche des Capétiens.
1346. Bataille de Crécy gagnée par les Anglais.
1356. Bataille de Poitiers.
1360. Paix de Brétigny.
1377-1449. Grand schisme d'Occident.
1399. Commencement des querelles de la Rose rouge et de la Rose blanche en Angleterre.
1402. Défaite de Bajazet par Tamerlan.
1407. Assassinat du duc d'Orléans.
1415. Bataille d'Azincourt.
1419. Assassinat de Jean-sans-Peur, duc de Bourgogne.
1420. Traité de Troyes.
1422. Henri VII, roi d'Angleterre, est proclamé roi de France et couronné à Paris.
1428. Siége d'Orléans.
1431, Jeanne d'Arc, faite prisonnière des Anglais, est condamnée par un tribunal inique, et brûlée vive à Rouen.
1435. Paix d'Arras.
1440. Invention de l'imprimerie.
1453. Expulsion des Anglais de la France après cent ans de guerre.
1453. Prise de Constantinople et fin de l'empire d'Orient.

CARACTÈRE DU MOYEN AGE.

Cette période, qui s'ouvre à l'époque du démembrement de l'empire d'Occident par les nations barbares du Nord, et qui se termine mille cinquante-huit ans après, vers le temps où une dernière invasion des Barbares, celle des Turcs, fait disparaître l'empire grec de Constantinople, présente au premier aspect une assez grande complication et semble difficile à caractériser. Les Barbares opèrent d'abord de terribles bouleversements ; les Etats que plusieurs d'entre eux fondent bientôt de divers côtés continuent à agiter le monde, les uns par leurs perpétuelles révolutions, les autres par des catastrophes qui mettent fin à leur existence éphémère ; la grande unité politique, réalisée par Charlemagne, n'a que la durée d'un essai, et bientôt, au contraire, l'Europe présente un prodigieux morcellement, qui tient à la nature même du régime féodal, dont l'établissement date de cette époque. Mais, au milieu de cette confusion apparente, le lien alors si puissant d'une foi commune et l'action d'un gouvernement qui domine tout, celui de l'Eglise, établissent une unité réelle, et font du monde connu au moyen âge, déjà bien plus étendu que le monde romain, une grande famille : la chrétienté.

Vers la fin de cette période, la France, l'Angleterre, l'Espagne, l'Autriche, acquièrent presque simultanément une importance qui, jointe à l'établissement de l'empire ottoman sur les ruines de l'empire grec, change complétement l'aspect du monde politique. En même temps, l'emploi de deux grands moyens matériels, jusqu'alors inconnus en Europe, la poudre à canon et la boussole, opère une immense révolution dans l'art de la guerre, donne naissance au système colonial, et change toute la marche des affaires, tandis qu'une troisième invention plus importante encore, celle de l'imprimerie, communique aux esprits une impulsion dont les résultats dépasseront tous les calculs.

DIVISION DE L'EMPIRE ROMAIN EN 395

A la mort de Théodose le Grand, l'empire romain fut partagé entre ses deux fils, Arcadius et Honorius. Le premier, Arcadius, eut l'empire d'Orient, comprenant l'Egypte, la Cyrénaïque, l'Asie, de l'Euphrate à la Méditerranée, la Grèce, la Macédoine, l'Illyrie orientale et les provinces danubiennes. Au second, Honorius, appartint l'empire d'Occident, composé de l'Italie, de la Gaule, de l'Espagne, de la Grande-Bretagne, de l'Illyrie occidentale et de la côte septentrionale d'Afrique. Au delà du Rhin, du Danube et de la mer Noire, qui limitaient au nord l'empire romain, apparaissaient des peuplades nomades, belliqueuses, avides de butin, attirées par la beauté du climat et les richesses des contrées méridionales. Ces peuplades habitaient trois grandes contrées d'inégale étendue : la Germanie, la Sarmatie et la Scythie.

La Germanie comprenait tout le pays situé entre le Rhin, le Danube, la Theiss, la Vistule, le golfe Baltique et la mer d'Allemagne ; on y rattachait aussi le Danemark et la Scandinavie. Au midi, la Germanie était peuplée par les Allemanni ou Allemands, comprenant les Suèves ou Souabes, les Bavarois ou Boiariens ; à l'est, les Marcomans, les Quades, les Hermundures et les Hérules, et hors de la Germanie les Goths ; à l'ouest, se trouvaient les Francs, comprenant les Saliens, les Sicambres, les Bructhères, les Cattes, etc., et sur la côte de l'Océan les Angles et les Frisons ; au nord, étaient les Vandales, les Bourguignons et les Lombards, tribus de la nation des Suèves.

La Sarmatie ou Slavonie, comprise entre la Baltique et le Pont-Euxin, la Theiss et le Volga, se divisait en Dacie ou petite Scythie et Sarmatie européenne. Elle était habitée par les Slaves méridionaux ou Borniens, Serviens, Croates, Esclavons, Dalmates modernes, etc., par les Slaves occidentaux, ou Polonais, Bohémiens, Moraves, Poméraniens, Lusaciens, etc., et par les Slaves septentrionaux, qui ont formé la nation russe primitive.

La Scythie s'étendait du Volga à la mer Orientale, et depuis les monts Altaï jusqu'à la mer septentrionale. Elle était peuplée par les Huns (peut-être les Alains), les Bulgares, les Avares, les Hongrois ou Madgyares, les Turcs, les Mongols ou Tartares, etc.

INVASION DES BARBARES (476).

Après la mort de Théodose, Alaric, chef des Goths

auxiliaires, que cet empereur avait incorporés dans les troupes impériales, se souleva, ravagea pendant deux ans la Thrace et la Macédoine, pénétra dans le Péloponèse et se fit proclamer roi des Goths. Alaric, qui avait déjà ravagé la Vénétie, profita de l'absence du général romain, Stilicon, pour livrer au pillage les riches contrées de la Cisalpine. Battu peu après aux environs de Palentia, il fut forcé de se replier sur l'Illyrie, mais il rétablit sa position par quelques succès, et obtint une paix avantageuse (403).

Les Romains s'étaient préservés pour un temps des tentatives d'Alaric, mais un nouvel ennemi ne tarda pas à se présenter : Rhadagaise, ayant rassemblé de divers côtés une armée formidable, descendit à son tour en Italie et s'avança jusque sous les murs de Florence. Cette expédition, toutefois, ne fut pas heureuse. L'armée de Rhadagaise, ayant été enveloppée tout entière par Stilicon dans les montagnes de Fiésole, le chef fut mis à mort et les soldats vendus à vil prix (406).

Le dernier jour de l'année 406, les Vandales, les Suèves et les Alains, malgré les efforts des Francs Ripuaires, qui tentèrent sans succès de les arrêter, passent le Rhin à Mayence, s'allient aux Burgondes ou Bourguignons, ravagent pendant deux ans les cités de la Belgique et de la Gaule, qui furent enfin délivrées de ces Barbares par les légions de l'usurpateur Constantin (407).

Les Vandales, les Suèves et les Alains, forcés de fuir devant les légions romaines, franchirent les Pyrénées et allèrent piller les richesses de l'Espagne.

A la même époque, l'Italie était le théâtre de terribles événements. L'empereur Honorius ayant eu la cruauté de faire mettre à mort Stilicon et de faire massacrer plusieurs familles des Barbares établies en Italie, Alaric saisit ce prétexte pour rompre le traité de paix et pour envahir de nouveau l'Italie. Il marche sur Rome, qui se rachète d'abord par une riche rançon. Cette ville reçoit ensuite pour empereur le préfet Attale, qu'Alaric fait élire de force par le sénat. Mais bientôt après les portes de cette grande capitale sont ouvertes par les esclaves révoltés, et les immenses richesses qui y étaient accumulées deviennent la proie des Barbares. Deux ans après, Alaric meurt à Cosenza, au moment où il se proposait de passer en Afrique (410).

En 413, les Bourguignons qui s'étaient arrêtés dans la Séquanaise, entre la Saône et le Jura, obtinrent d'Honorius la possession de ce pays et furent reconnus pour alliés de l'empire; plus tard, les successeurs de Gondicaire, qui avait été élevé sur le pavois, étendirent leur domination sur les provinces voisines, et constituèrent le royaume des Bourguignons, dont Lyon devint la capitale, et qui, cent vingt ans plus tard, fut réuni à la monarchie des Francs par les enfants de Clovis.

Après avoir désolé l'Espagne, les Vandales, les Suèves et les Alains avaient fini par se partager cette belle contrée. Constance, voulant éloigner ces Barbares de la Gaule, céda l'Espagne à Athaulfe, qui passa les Pyrénées en 414 et mourut assassiné. Wallia, son successeur, extermina les Alains, repoussa et contint les Vandales dans la Bétique, et repoussa les Suèves dans la Galice. Pour prix du service que les Goths lui avaient rendu dans cette expédition, il obtint pour eux la possession d'une partie du midi de la Gaule, où ils fondèrent le royaume des Visigoths, qui eut Toulouse pour capitale, et qui subsista jusqu'à Clovis.

INVASION DES FRANCS (420).

Les Francs, originaires de la Germanie, avaient fait plusieurs invasions dans la Gaule Belgique, réprimées par Robert, Constance Chlore et Constantin, avant de pouvoir se fixer sur les bords du Rhin. Vers 419, ils franchirent ce fleuve sous la conduite de Pharamond, et ensuite sous celle de Clodion, qui s'avança jusqu'aux bords de la Somme, où il fut battu par Aétius. Après lui, un prince de sa famille, nommé Mérovée, fut élevé sur le pavois par les Francs Saliens, en 448. Ce roi s'unit à Aétius et

à Théodorik, roi des Visigoths, pour repousser Attila
dont l'armée fut détruite dans les plaines de Châlons
en Champagne, en 451. Le triomphe fut si éclatant, que
les rois français de la première race sont appelés Mérovingiens. Childéric, son fils, qui lui succéda, fit la guerre
aux Visigoths sur les rives de la Loire, et alla mourir à
Tournay.

INVASION DES VANDALES EN AFRIQUE.

Dès le commencement de l'invasion des Barbares, l'A-
frique avait attiré leurs regards. En 428, elle fut enva-
hie par les Vandales. En 439, Genséric surprend Carthage, qui redevint alors la capitale d'un Etat indépen-
dant. En peu de temps toute l'Afrique romaine subit le
joug de Genséric, qui changea en désert une contrée que
les anciens appelaient la merveille du monde. Maître de
Carthage, il s'empara des îles Baléares, de la Sicile, de
la Corse, de la Sardaigne. Appelés en Italie par Eudoxie,
les Vandales débarquent au port d'Ostie et s'avancent
sur Rome, dont les habitants mutinés venaient d'égor-
ger l'usurpateur Pétrone Maxime. La ville, prise sans résistance, est livrée au pillage, et Carthage s'enrichit de
la dépouille de Rome et de sa population captive. Pendant plus de vingt ans encore Genséric fit trembler l'O-
rient et l'Occident; il brûla et dispersa les flottes qui tentèrent de le combattre, et survécut à la dernière catastrophe
de l'empire romain. Genséric mourut en 477. Il fut le
seul héros de cette peuplade barbare; après lui le
royaume des Vandales ne fit que décliner et tomba enfin
sous la domination du Bas-Empire par la conquête qu'en
fit Bélisaire en 534.

INVASION DES HUNS.

Attila, surnommé le Fléau de Dieu, après avoir étendu
sa domination sur la plupart des tribus de la Scythie et
de la Sarmatie, imposa un tribut à la cour de Byzance,
qui refusa de le payer. Le roi des Huns passe alors la
frontière à la tête de ses Barbares, dévaste la Thrace et

l'Illyrie, et force Théodose II non-seulement à payer le tribut, mais encore à lui abandonner la rive droite du Danube. Après ce succès, Attila traverse la Germanie, passe le Rhin, envahit la Gaule, et s'avance vers la Loire; vaincu par Aétius dans les champs catalauniques, il rentre en Germanie, pénètre en Italie et saccage la Vénétie, dont les habitants se retirent dans les lagunes de l'Adriatique, où ils jetèrent les premiers fondements de Venise. Arrêté par les prières du pape Léon le Grand, Attila rejoint son camp sur les bords de la Theiss, où il périt dans une orgie, en 453. La mort d'Attila mit fin à la vaste et mouvante domination des Huns, dont les pays tributaires formèrent le royaume des Gépides et des Ostrogoths.

ANGLETERRE. — INVASION DE LA GRANDE-BRETAGNE PAR LES ANGLO-SAXONS.

Honorius, redoutant les invasions des peuples de la Germanie, avait rappelé les légions qui gardaient la Grande-Bretagne. Ce pays fut alors attaqué par les Pictes et les Scots, connus sous le nom de Calédoniens. Pressés par ces ennemis, les Bretons implorèrent le secours des Saxons du Holstein et du Jutland, qui repoussèrent les Calédoniens, et obtinrent pour récompense de ce service la possession de l'île de Thanet, d'où ils passèrent dans la province de Cantium, où ils fondèrent, sous le nom de Kent, le premier royaume saxon, duquel vinrent plus tard les royaumes de Sussex, de Wessex et d'Essex. En 547, les Angles, attirés par le succès des Saxons, émigrèrent à leur tour du Jutland, et envahirent les provinces septentrionales de la Grande-Bretagne, où ils fondèrent les Etats de Northumberland, de Mercie et d'Est-Anglie, le dernier des sept Etats saxons qui composent ce que l'on nomme dans l'histoire l'Heptarchie. Une partie des anciens habitants, refoulés dans le pays de Galles et les Cornouailles, y défendirent avec succès l'indépendance nationale, et y formèrent cinq principautés souveraines; les autres, pour éviter la servitude, se

réfugièrent dans la Gaule Armorique, qui reçut le nom
de Petite-Bretagne, où ils se maintinrent longtemps en
corps de nation.

DÉMEMBREMENT DE L'EMPIRE ROMAIN D'OCCIDENT.

L'empire d'Occident, entamé de toutes parts et entièrement envahi par les Barbares, ne pouvait plus que pro-
longer son agonie. Les empereurs Honorius et Valenti-
nien III n'avaient pu repousser les invasions ; Majorien,
célèbre par sa valeur et par son amour pour les belles-
lettres, défit les Bourguignons et les Visigoths, chassa
d'Italie les Vandales, et aurait peut-être réussi à rétablir
l'empire dans son ancienne splendeur ; mais il fut mis à
mort par Ricimer, qui éleva et déposa à son gré des
fantômes d'empereurs qui se succédèrent de 455 à 474.
Il fut lui-même privé du pouvoir par un autre Barbare,
Oreste, qui revêtit de la pourpre son fils Romulus-
Augustule. Les Barbares s'étant lassés de ces intrigues
de palais, un de leurs chefs, Odoacre, qui commandait la
tribu des Hérules, déposa Augustule, conquit l'Italie
et détruisit, en 476, l'empire romain d'Occident.

GAULE.—ÉTAT DE LA GAULE LORS DU DÉMEMBREMENT DE L'EMPIRE ROMAIN.

Lorsque Clovis entreprit de conquérir les Gaules, cette
contrée était partagée entre quatre peuples : les Romains,
qui avaient conservé quelques provinces entre la Somme
et la Loire ; les Burgondes, qui occupaient le bassin du
Rhône, du Bas-Rhin à la Méditerranée et de la Loire
aux Alpes ; les Bretons, qui dominaient dans l'Armorique ; les Visigoths, qui possédaient la première Narbonnaise, les trois Aquitaines et une partie de l'Espagne.

FRANCE. — CONQUÊTE DES GAULES PAR CLOVIS.

Clovis était souverain d'un territoire fort étroit. Les
Francs Saliens, dont il était roi, avaient pour voisins des

tribus différentes. Il était ambitieux, et avait tous les talents d'un conquérant. S'étant uni à une tribu franque, il battit Syagrius, fils d'Ægidius, qui gouvernait les Gallo-Romains du Soissonnais, et, se l'étant fait livrer, il le fit décapiter. Clovis s'allia ensuite avec les Francs Ripuaires et augmenta sa puissance dans les Gaules, en épousant Clotilde, nièce de Gondebaud, roi des Bourguignons. Cette princesse était chrétienne; par ce mariage, il parut s'offrir comme le protecteur des évêques de la Gaule, qui avaient de l'influence sur la plus grande partie de la population, en même temps qu'il se ménageait leur appui. Bientôt de puissants compétiteurs se présentèrent; c'étaient les Allemands. Clovis, uni aux Ripuaires, leur livra bataille à Tolbiac, près de Cologne; voyant ses troupes s'enfuir devant les ennemis, il fit vœu de se convertir au christianisme s'il remportait la victoire. Clovis fut vainqueur et tint son serment. L'évêque Remi le baptisa ensuite à Reims, ainsi que trois mille de ses soldats.

La conversion de Clovis lui rallia tous les Romains orthodoxes, en fortifiant l'Eglise, alors ébranlée par l'arianisme. Les rois des Visigoths étaient chrétiens aussi, mais ariens, c'est-à-dire ne croyant pas en la divinité de Jésus-Christ.

Les confédérés armoricains ne tardèrent pas à traiter avec Clovis, qui leur avait fait longtemps la guerre et qui, en 494, s'était emparé de Paris, dont il avait fait sa capitale. Il ne lui restait plus à vaincre que les Visigoths et les Bourguignons : il commença par ces derniers. Clotilde elle-même l'y excita par ressentiment contre Gondebaud, meurtrier de son père. Clovis, qui n'entreprenait rien sans un allié, proposa le partage de la conquête à Théodoric, roi des Goths, qui, trop occupé en Italie, ne put accepter. Clovis vainquit sans lui.

Jusqu'alors ce prince avait hésité à attaquer les Visigoths; mais, leur roi Alaric ayant mécontenté ses sujets, Clovis profita de la circonstance, s'unit à Gondebaud, qu'il avait rétabli sur son trône, et battit l'armée d'Alaric à Vouillé, près de Poitiers. La suite de cette victoire fut la soumission de presque tout le midi de la Gaule. Clovis vint fixer sa résidence à Paris, qui s'appelait encore *Lutèce,* chef-lieu de la cité des Parisiens, et qui avait été le séjour de Julien lorsqu'il administrait glorieusement les Gaules. Pour étendre sa domination, Clovis fit périr les rois des diverses tribus de Francs, et se fit élire à leur place. Il mourut à Paris en 511.

ITALIE. — ÉTABLISSEMENT ET DOMINATION DES OSTROGOTHS EN ITALIE.

Les Goths orientaux, délivrés du joug des Huns, s'étaient fixés dans la Pannonie, du consentement de l'empereur Marcien, qui leur confia la défense du Danube. Ils avaient pour chefs trois frères, Walamir, Théodomir et Widimir. Théodoric, fils de Théodomir, fut élevé à Constantinople, où son père l'avait envoyé comme otage. Après la mort de ses oncles et de son père, il fut reconnu roi des Ostrogoths. Il se montra, dès le début, digne de son élévation au pouvoir par la défaite des Sarmates; il commença ainsi à mériter le titre de Grand que lui donna la postérité et fit trembler Byzance au bruit de ses exploits. Pour occuper un guerrier aussi redoutable, Zénon lui délégua les droits de l'empire sur l'Italie et l'invita à les faire valoir. Les Ostrogoths se lèvent en masse, emmenant leurs femmes et leurs enfants. Après avoir franchi les Alpes Juliennes, ils rencontrent et battent les soldats d'Odoacre, prennent l'Istrie et la Vénétie, et remportent une seconde victoire près de Vérone; mais la Ligurie résiste, et Théodoric est obligé d'aller passer l'hiver à Pavie. La défection d'Euric, roi des Visigoths, rétablit sa fortune; il bat sur l'Adige l'armée d'Odoacre qui est obligé de se jeter dans Ravenne, où Théodoric vient l'assiéger. Après un siége de trois ans, Odoacre, voyant la ville en proie à une disette affreuse, se rend à Théodoric, qui le fait assassiner dans un festin, et prend le titre de roi. Théodoric força pendant le même temps Trasimond, roi des Vandales, à lui céder la Sicile.

Théodoric agrandit sa puissance et ne prodigua jamais le sang de ses sujets; sans sortir de l'Italie, il ajouta à son royaume l'Illyrie, la Pannonie, la Norique et la Rhétie; une guerre contre les Bourguignons le rendit maître de la seconde Narbonnaise, et la victoire d'Arles lui acquit le reste de la Provence et de la Septimanie. « Que d'autres fassent la guerre, écrivait-il à l'un de ses » généraux, pour piller ou pour détruire; notre inten- » tion est de vaincre, avec l'aide de Dieu, de telle sorte » que les vaincus regrettent de n'avoir pas été soumis » plus tôt à notre domination. » Maxime sublime, qui dirigea toutes les actions de sa vie pendant trente ans.

Théodoric laissait pour lui succéder un fils en bas âge, auquel, selon la coutume de ces peuples guerriers, le pouvoir appartenait de préférence à sa sœur Amalasunthe, qui par son âge, ses vertus et son mérite, eût été capable d'occuper glorieusement le trône. Théodoric, qui avait pour sa fille la plus tendre affection, lui fit déférer le gouvernement pendant la minorité de son frère Athalaric. Mais, celui-ci étant mort peu de temps après, Théodat fait assassiner Amalasunthe. L'empereur Justinien, pour venger sa mort, envoie contre lui Bélisaire, qui s'empare de Rome et de Naples. Théodat est mis à mort par les siens, et remplacé par Vitigès. Celui-ci fait alliance avec les Francs et les Perses; mais, abandonné par ses auxiliaires et par les Italiens, il est forcé de succomber dans Ravenne. Totila relève la fortune des Ostrogoths, bat les Grecs à Faenza, se rend maître de Rome et recouvre une partie de l'Italie. Justinien rappelle Bélisaire, dont les succès se bornent à prendre deux fois Rome, et qui est remplacé par Narsès. La lutte recommence avec fureur; Narsès gagne la bataille de Lentagio, où Totila est blessé mortellement. Cette victoire décide du sort de l'Italie. En vain Téias et ensuite Aligern entreprennent de soutenir une lutte inégale, leurs troupes sont battues, taillées en pièces, et les restes de la nation des Goths sont forcés d'abandonner l'Italie, qui redevient une province romaine, que Narsès gouverne pendant quinze ans en qualité d'exarque. Ainsi finit le royaume des Ostrogoths, qui avait duré 61 ans.

FRANCE. — PARTAGE DES ÉTATS DE CLOVIS (511).

Clovis à sa mort (511) laissait quatre fils. Aucune coutume des Francs-Saliens ne l'obligeait à partager son royaume entre eux. Il aurait pu, soit désigner un de ses fils pour lui succéder, soit, en maintenant les premiers usages, s'en rapporter à l'élection de l'armée. Mais il crut prévenir des guerres civiles en autorisant le partage de ses Etats. Il ne réussit au contraire qu'à les fomenter, et ce principe de partage qui eut force de loi jusqu'à Hugues Capet retarda pendant deux siècles la fondation de la puissance française. Des partages semblables se renouvelèrent souvent; de là de grands maux pour les peuples et une grande confusion dans l'histoire de ce temps. Nous passerons sous silence une foule de noms obscurs de rois qui résidaient à Orléans, à Metz, à Soissons ou à Paris, ainsi que les guerres qu'ils se faisaient pour se disputer leur héritage. Dans ce tissu de cruautés, d'assassinats et de combats sans gloire, on ne trouve aucun fil auquel se rattache un grand fait politique. Après deux guerres, les Francs soumirent entièrement les Bourguignons; ensuite ils chassèrent les Ostrogoths des provinces alpines. L'empereur Justinien céda dans ce temps aux rois Francs les droits de l'empire sur les Gaules, auxquelles l'usage donna plus tard le nom de France. Clotaire, qui ne fut d'abord que roi de Soissons, était à sa mort maître de toute la monarchie de Clovis, que ses enfants se partagèrent, mais en stipulant qu'ils garderaient Paris en commun, convention qui ne fut pas exécutée, et qui amena entre eux, comme entre les fils de Clovis, des guerres civiles qui amoindrirent leur puissance au profit des *leudes* ou *seigneurs* et principalement des *maires du palais*. Frédégonde et Brunehaut excitèrent entre eux des guerres perpétuelles. Pour régner sans partage, Frédégonde fit assassiner son mari, et gouverna sous le nom de son fils Clotaire, à peine âgé de six mois, qu'elle mit sous la protection de Gontran, roi de Bourgogne. En 537, Gontran, Childebert et Brunehaut conclurent de concert avec les seigneurs, le célèbre traité d'Andelot, qui assurait aux rois d'Austrasie la succession du roi de Bourgogne, et qui consacrait l'hérédité des biens dont la munificence des rois avait doté l'aristocratie et les leudes. Après la mort de Frédégonde, Clotaire II gouverna par lui-même, et fut battu par les rois de Bourgogne et d'Austrasie, auxquels il fut contraint de rendre ce qu'il avait conquis de leurs États; mais la guerre qui éclata entre Thierri II et Théodebert II changea la face des affaires : Théodebert, vaincu à Tolbiac, en 612, fut décapité par ordre de Thierri II, qui mourut l'année suivante. Clotaire II reprit l'avantage, entraîna dans son parti les leudes austrasiens, que Brunehaut avait irrités par des mesures rigoureuses, et la vieille reine, livrée au fils de Frédégonde, mourut du supplice le plus horrible. Clotaire II, devenu seul maître de la monarchie, convoqua à Paris, en 614, une assemblée nationale qui fit une constitution perpétuelle pour assurer la paix publique, laquelle ne fut plus troublée de son vivant.

ITALIE.—ENVAHISSEMENT DE L'ITALIE PAR LES LOMBARDS.

Des concussions exercées par Narsès en Italie le rendirent odieux aux Romains. Le sénat demanda son rappel à l'empereur Justinien II, qui envoya à sa place Longin, chargé de paroles insultantes pour ce grand homme. Narsès, n'écoutant que son ressentiment, appela en Italie les Lombards, peuples avides de pillage, qui, renforcés par les Gépides, les Avares et les Slaves, traversèrent, sous la conduite de leur chef Alboin, les Alpes Juliennes, et s'emparèrent de la Carniole, de la Vénétie et du Milanais. Les empereurs n'eurent plus sous leur domination que Ferrare, Bologne et la Romagne, qui formaient l'exarchat, dont la capitale était Ravenne. Alboin établit le siége de son empire à Pavie. Après cinq ans d'un règne sans repos, Alboin est assassiné par ordre de sa femme Rosamonde, dont il avait irrité la douleur filiale par un outrage à la mémoire de son père Cunimond. Cleph, qui lui succéda, fut poignardé par un officier du palais. Autharis, son fils, obtint quelques succès sur les Grecs et sur les Francs, qui disputaient aux Lombards la possession de l'Italie. Théodelinde, veuve d'Autharis, épousa Agisulfe, qui devint roi des Lombards, fit fleurir l'agriculture et commença la civilisation de ce peuple barbare, dont Rotharis fut le législateur. Après Rotharis, Grimoald et Luitprand sont les deux seuls rois qui méritent d'être cités parmi les souverains sans gloire du royaume de Lombardie, dont le dernier fut Didier, qui, vaincu par Charlemagne en 774, fut contraint de se retirer dans un cloître, où il termina ses jours.

EMPIRE D'ORIENT ou BAS-EMPIRE.

Arcadius, fils aîné de Théodose le Grand, fut le premier empereur d'Orient. Il mourut âgé de trente et un ans, après treize années d'un règne sans gloire (408).

Théodose II, fils d'Arcadius, étant mort sans enfants, sa sœur Pulchérie fut unanimement proclamée impératrice. C'était la première fois qu'une femme montait sur le trône des Césars. Deux faits se rattachent à ce règne : le concile d'Ephèse, et la publication du code Théodosien, compilation curieuse des lois les plus importantes promulguées par les empereurs chrétiens (450).

Marcien fut choisi pour époux par Pulchérie. Brave et généreux, cet empereur offrit un caractère digne des vieux temps de Rome. Pendant sept ans il fit respecter l'empire, lui rendit la paix, et travailla au bonheur du peuple (457).

Léon Ier de Thrace succéda à Marcien par voie d'élection, et gouverna dix-sept ans avec gloire. C'est le premier empereur qui reçut la couronne des mains d'un évêque (474).

Léon II et Zénon. Zénon gouverna l'empire après la mort de Léon d'abord comme tuteur de son fils Léon II, mort en bas âge, et ensuite comme empereur (491).

ATHANASE Ier, élu par le sénat, corrigea un grand nombre d'abus, fit de sages lois, et s'occupa d'utiles réformes (518). Il eut le tort, comme presque tous les empereurs d'Orient, de prendre parti dans les querelles religieuses, et fut cause, en protégeant l'arianisme, de discordes civiles qui amenèrent de grands désordres dans l'Etat.

JUSTIN Ier, élu par l'armée, fut un prince courageux, qui apaisa les querelles religieuses et rétablit la paix dans l'empire. Son règne, qui dura neuf ans, a été comparé à celui de Constantin (527).

JUSTINIEN Ier, surnommé le Grand, neveu de Justin, fut associé par lui à l'empire, et lui succéda. Secondé par Bélisaire, il fit avec succès la guerre contre les Perses, apaisa la révolte qui éclata au sein même de Constantinople, détruisit la puissance des Vandales en Afrique, affaiblit la puissance des Ostrogoths en Italie, et refoula les Bulgares au delà du Danube. Mais sa plus grande gloire repose sur les travaux de législation qui furent entrepris sous son règne : on lui doit la publication du *Code Justinien*, qui renferme les constitutions de tous les empereurs jusqu'à Théodose II ; les *Institutes*, traité élémentaire de jurisprudence destiné à la jeunesse ; les *Pandectes* ou *Digeste*, précis d'environ trente mille traités de jurisprudence ; et les *Novelles*, recueil de toutes les constitutions depuis Théodose II (565).

JUSTIN II, TIBÈRE, MAURICE, PHOCAS. Justinien laissa l'empire à son neveu Justin II, qui adopta Tibère II, auquel succéda Maurice, l'un de ses généraux. Celui-ci par cinq victoires successives chassa les Avares du territoire de l'empire ; mais, ayant refusé de racheter douze mille prisonniers que le chef des Barbares fit massacrer, l'armée se révolta et proclama empereur Phocas, qui commença son règne par faire assassiner Maurice et toute la famille impériale, ce qui attira sur lui la haine et le mépris du peuple. Héraclius, fils de l'exarque d'Afrique, se plaça à la tête des révoltés, battit la flotte impériale, s'empara de Constantinople, fit décapiter Phocas sur le pont même de son navire, et se fit couronner empereur par le patriarche Sergius (610).

PERSES. — HISTOIRE DES PERSES (DE 223 à 628).

Artaxerxès Ier, fils d'un simple soldat, nommé Sassan, commença la dynastie des Sassanides. Ses talents lui acquirent une grande influence sur l'armée, qui se révolta contre Artaban, roi des Parthes : Artaban fut vaincu dans trois batailles successives; dans le dernier de ces combats, il fut tué ainsi que son fils. Artaxerxès s'empara alors du pouvoir et força tous les princes voisins à le reconnaître pour roi des Perses. Les quinze années de son règne furent consacrées à faire fleurir la religion des mages, la justice et les beaux-arts. Ses successeurs étendirent ses conquêtes jusqu'à l'Indus et l'Euphrate, et luttèrent glorieusement contre les Romains. Servien fit la paix avec eux, et leur accorda plusieurs provinces sur le Tigre. Sous Bahram, une armée perse menaça un moment Constantinople, et contraignit les Romains d'Orient à faire avec les Perses un traité de cent ans. —Sous le roi des Perses Isdegerde II, l'Arménie fut partagée entre ce roi et l'empereur Théodose II. —Sous Kobadès ou Kobad, les Perses envahirent la partie de l'Arménie concédée aux Romains : quatre généraux d'Anastase envoyés contre eux furent défaits tour à tour. La guerre, un moment suspendue, recommença sous Justinien. Malgré plusieurs désavantages, Kobadès refusa la paix, et légua en mourant le soin de sa vengeance à son fils Chosroès Ier, surnommé le Grand. —Chosroès, profitant de la guerre que Justinien faisait aux Ostrogoths, s'empara d'Antioche, et menaça à la fois la Palestine et l'orient de l'Asie Mineure; mais Bélisaire le força d'abandonner ses conquêtes. Tibère envoya contre les Perses une armée qui les défit à la bataille de Mitylène. Chosroès mourut de désespoir, et eut pour successeur Hormidas III, prince avare et cruel, sur lequel Honorius remporta une victoire signalée. Les Perses proclamèrent roi Chosroès II, dont le premier acte fut de faire assassiner Hormidas. Ce prince régna en tyran; défait dans plusieurs combats, il fut obligé de fuir, et fut arrêté par ordre de son fils aîné Siroès, qui le fit mourir de faim.

MAHOMÉTANS. — HISTOIRE DES ARABES. — FONDATION DE L'EMPIRE MAHOMÉTAN PAR MAHOMET.

L'Arabie, située entre la Turquie d'Asie, la Perse et l'Egypte, a trois parties distinctes : l'Arabie Déserte, immense plaine de sable, semée de distance en distance d'oasis fertiles; l'Arabie Pétrée, pays montagneux, où se trouve la Mekke; et l'Yémen ou Arabie Heureuse, contrée boisée, fertile et bien arrosée.—Les peuples qui habitent l'Arabie sont divisés en deux races distinctes : les Arabes purs, qui habitent les villes, et les Mosarabes ou errants. Au commencement du cinquième siècle, ces deux races vivaient en bonne intelligence, et s'unissaient même quelquefois pour faire le commerce. L'Arabie servait alors d'asile à tous les cultes persécutés depuis Constantin, et elle était devenue le refuge de tous les fanatismes religieux. Le 10 novembre 570, naquit à la Mekke, dans la tribu des Koreïschites, un enfant qui reçut le nom de Mahomet, et qui mena jusqu'à l'âge de vingt-cinq ans la vie guerrière et marchande des caravanes comme conducteur de chameaux. Un physique agréable, une âme ardente, une conduite irréprochable, le firent distinguer d'une riche veuve, nommée Cadijah, qui lui offrit sa fortune et sa main. Dans les loisirs de l'opulence, Mahomet se laissa aller à toutes les inspirations d'une imagination exaltée, et osa concevoir la pensée de réunir tous les Arabes dans une même croyance, sous une seule domination. Il convertit d'abord à l'islam (ou foi qui sauve) sa femme, son cousin Ali, et ensuite Omar, car il est assez remarquable que, contrairement au proverbe qui dit que nul n'est prophète dans sa maison, Mahomet fut surtout regardé comme inspiré par

sa propre famille. Quand il crut avoir assez de prosé-
lytes parmi ses amis pour prêcher publiquement sa
nouvelle doctrine, il les réunit tous dans un repas, y
développa ses idées, et leur montra en perspective l'immense héritage qu'il laisserait. L'islamisme s'étant
promptement répandu, le shérif de la Mekke, effrayé des
progrès de cette nouvelle doctrine, fit condamner à mort
le prophète imposteur. Mahomet, suivi de son cousin
Ali, se réfugia à Jatreb, et c'est de cette fuite, en arabe
hégire (16 juillet 622) que date l'ère des Musulmans.
Les habitants de Jatreb embrassèrent avec chaleur la
querelle des proscrits, et leur cité reçut le nom de Médine ou ville du Prophète. — Mahomet, ayant rassemblé une petite armée, combattit avec succès tous ceux
qui lui furent opposés. Bientôt, aveuglé par sa prospé-
rité, il somma les puissants monarques d'embrasser sa
doctrine. Il attaqua et prit la Mekke, entra en vainqueur
dans sa ville natale, détruisit les idoles et proclama la
formule sacrée du Koran : « Il n'y a qu'un Dieu, et Mahomet est son prophète! » Sa clémence et sa générosité
lui concilièrent tous les esprits. En peu de temps, toute
l'Arabie ne reconnut plus d'autre maître que Mahomet,
qui se proposait d'étendre ses conquêtes sur les pays
voisins, lorsqu'il mourut à Médine d'une maladie de
langueur le 13e jour du premier mois de la onzième année
de l'Hégire (8 juin 632 de Jésus-Christ).

Aussitôt après la mort du Prophète, un schisme éclata
et s'est prolongé jusqu'à nos jours. Les uns reconnurent
une doctrine prêchée par Abu-Bekre, Omar et Othman ;
les autres, celle d'Ali : on appelle les premiers Sunnites
ou traditionnaires ; et les seconds, Schiites ou divisés.
Les Arabes et les Turcs appartiennent à la première secte ;
les Persans à la seconde.—Ces divisions n'arrêtèrent pas
les conquêtes des Musulmans ; ardents de fanatisme,
guidés par des chefs intrépides, persuadés que l'empire
du monde leur appartenait, ils furent victorieux parce
qu'ils se crurent invincibles. Kaled s'empara de la Syrie
et de Damas, vainquit les Grecs, conquit la Palestine et

Jérusalem, Antioche, Edesse et la Mésopotamie; il ne
s'arrêta qu'au Taurus et aux montagnes d'Arménie. Dans
le même temps, Amrou soumettait l'Egypte; la Perse
opposa une assez vive résistance, mais finit par succomber en 652. — A la suite des conquêtes vinrent le luxe
et les guerres civiles. Le khalife Othman périt assassiné.
Alors commença une lutte entre Ali et Moawiah, neveu
d'Othman. Ali tomba sous le fer d'un fanatique, et l'empire resta à Moawiah, chef de la dynastie des Omniades,
qui établit sa capitale à Damas, et continua les conquêtes
des premiers khalifes. L'Arménie, l'ancienne Assyrie et
la Transoxianne obéirent aux lois des Arabes. A l'est, ils
franchirent l'Indus et fondèrent des colonies dans l'In-
doustan. Ils soumirent la contrée septentrionale de
l'Afrique et ruinèrent la seconde Carthage. Tarik, appelé
en Espagne par la trahison du comte Julien et des fils
de Witiza, triompha à Xérès, et toute l'Espagne, à l'ex-
ception des Asturies, tomba au pouvoir des Arabes. Les
Pyrénées n'arrêtèrent pas ces intrépides cavaliers; ils
pénétrèrent en Gaule, s'emparèrent de la Septimanie,
brûlèrent Bordeaux, pillèrent Poitiers, et s'avancèrent
jusqu'aux environs de Tours, où ils furent vaincus par
Charles Martel. Ils échouèrent aussi devant Constantinople, que menacèrent deux fois sans succès les flottes
ottomanes. Au milieu de leur gloire et de leur puissance,
les Omniades étaient souvent troublés par des révoltes.
Enfin, en 750, une sanglante révolution les précipita du
pouvoir et y éleva les Abassides.

PERSES. — SUITE DE L'HISTOIRE DES PERSES
(DE 628 A 652).

La gloire des Sassanides finit à la mort de Chosroès II.
Siroès jouit à peine pendant quelques mois du fruit de
son crime, qu'il s'efforça de faire pardonner par un sage
gouvernement. Adéser, son successeur, eut à lutter
contre de nombreux compétiteurs, et à se défendre
contre les Arabes, qui morcelèrent ses provinces. Sar-
basas, Borane et Hormidas IV, n'ont laissé aucune trace

de leur faible gouvernement. Sous Isdegerde, le vizir Rustan combattit un moment avec succès les Arabes, qu'il refoula au delà de l'Euphrate. Mais bientôt ils reprirent l'offensive, Rustan fut tué avec ses meilleurs soldats, Isdegerbe fut défait dans les plaines de Djalaula ; enfin, dans une troisième bataille livrée à Néhavend en 642, qui décida de la ruine complète de la Perse; elle perdit sa nationalité. Le petit-fils d'Isdegerde, après avoir tenté un inutile effort pour enlever son pays aux Arabes, mourut obscur et sans postérité. La race des Sassanides s'éteignit avec lui, et, vers l'an 712, la Perse, soumise aux armes des successeurs de Mahomet, embrassa presque tout entière la religion du vainqueur.

FRANCE. — DÉCADENCE DES ROIS MÉROVINGIENS EN FRANCE.

Dagobert Ier succéda à son père Clotaire II et commença son règne par de bonnes actions; mais bientôt ses vices en ternirent l'éclat. Il répudia sa femme Nantilde et prit successivement plusieurs autres femmes. Il accabla le peuple d'impôts, et mourut après un règne de dix ans. De son vivant il partagea son royaume entre ses deux fils. Sigebert II eut la partie de la France nommée Austrasie, et Clovis II la Neustrie avec la Bourgogne; c'est de leur règne que date l'autorité sans limite des maires du palais, Ebroin, Pépin d'Héristal, Charles-Martel et Pépin le Bref, rois de fait, qui gouvernèrent au nom de Clotaire III, Chilpéric II, et qui usurpèrent toute l'autorité sous les rois fainéants Clovis II, Thierri III, Clovis III, Childebert III, Dagobert III, Chilpéric III, Thierri IV et Childéric III. — Pépin d'Héristal se rendit maître absolu des deux royaumes de Neustrie et d'Austrasie, et affermit son pouvoir par la défaite des peuples tributaires que les divisions des Francs avaient autorisés à se rendre indépendants. A sa mort, Rainfroy devint maire du palais des Neustriens, et Charles Martel des Austrasiens. Charles commença par la défaite des

Frisons la série de succès qui illustrèrent son nom ; il déclara ensuite la guerre aux Neustriens et gagna la bataille de Soissons, qui lui assura la mairie de l'Austrasie. Sa gloire s'éleva au plus haut degré sous Thierri IV, par la défaite des Sarrasins à la bataille de Tours, en 742, au succès de laquelle était attaché le sort de l'Europe : jamais bataille ne fut plus sanglante ni victoire plus complète : trois cent soixante mille Sarrasins périrent, et le reste prit la fuite ; sans cette victoire la France serait peut-être aujourd'hui mahométane.

C'est à cette bataille que Charles dut son surnom de *Martel*, à cause du courage qu'il montra en combattant avec sa hache d'armes.

Charles Martel, avant de mourir, disposa de l'autorité comme maire du palais en faveur de ses enfants Pépin et Carloman, qui proclamèrent Childéric III. La retraite de Carloman au mont Cassin livra à Pépin toute l'autorité, dont il profita pour faire déposer dans une assemblée du Champ-de-Mars le dernier des Mérovingiens, l'indolent Childéric, qui se retira dans un monastère, où il mourut trois ans après. Charles Martel avait dédaigné la couronne. Pépin la crut nécessaire à sa politique, et, pour légitimer aux yeux du peuple son usurpation, il demanda l'assentiment du pape et il se fit sacrer à Mayence par l'évêque Boniface (752).

RÈGNES DE PÉPIN ET DE CHARLEMAGNE.

Avec le règne de Pépin le Bref commence une nouvelle révolution qui devait réunir dans un même système tous les débris des peuples germaniques, et en former un formidable empire. Pépin n'eut que le temps de faire reconnaître sa souveraineté aux peuples tributaires, d'achever la conquête des Gaules, et d'affermir sa couronne en lui donnant pour appui la confiance de la nation, l'intérêt du clergé et l'autorité des papes.

Pépin commença son règne par une expédition contre son frère Griffon, qui, mécontent du partage inégal qui

avait été fait des Etats de son père, avait soulevé les
Saxons et les Allemands, et s'avançait à leur tête. Pépin
le repoussa jusqu'aux Alpes, où il périt, et, après avoir
défait les Saxons, passa en Italie, à la prière du pape
Etienne III, pour combattre Astolphe, roi des Lombards,
qui menaçait Rome. Astolphe ayant promis de renoncer
à l'exarchat, Pépin rentra dans ses Etats; mais il fut
promptement rappelé en Italie par la mauvaise foi du roi
lombard, qu'il contraignit à abandonner l'exarchat de
Ravenne, dont il investit le pape, et jeta ainsi les fondements de la puissance temporelle des souverains pontifes.
—Les divisions des Sarrasins espagnols ayant laissé dans
l'abandon leur colonie de Narbonne, Ansémond, chef
des Goths, aida Pépin à soumettre la Septimanie, dont il
se rendit maître. Narbonne seule soutint longtemps encore les efforts réunis des Francs et des Goths, et ne se
rendit qu'en 759, après le massacre des Musulmans par
la population chrétienne. Pépin entreprit ensuite de soumettre l'Aquitaine. Waifre résista avec courage pendant
huit ans à l'ambitieux vainqueur; trahi par les siens, il
succomba sous le fer d'un assassin; mais Pépin mourut
lui-même avant de recueillir le fruit de sa victoire et
peut-être de son crime.

Dans une assemblée générale des grands de la nation,
l'héritage de Pépin fut partagé entre ses deux fils. Charles
(depuis Charlemagne) eut la Neustrie et l'Aquitaine; Carloman l'Austrasie et la Bourgogne. Les deux frères vé-
curent en mauvaise intelligence; mais la mort de Carloman livra en 771 tout l'empire franc au roi de Neustrie,
qui se fit déférer la couronne d'Austrasie par la diète de
Corbonac, au préjudice des fils de son frère, qui se reti-
rèrent auprès de Didier, roi des Lombards. Didier voulut
forcer le pape Adrien à donner l'onction royale aux fils
de Carloman; le pape s'y refusa et invita Charlemagne à
venir défendre en Italie leurs intérêts communs. Charlemagne passe les Alpes, assiége le roi des Lombards dans
Pavie et son fils Adalgise dans Vérone. Didier tombe au
pouvoir de Charlemagne avec les princes austrasiens, et

toutes ces grandeurs déchues vont se perdre dans l'obscurité d'un cloître. Le vainqueur se fait couronner roi des Lombards, laisse à son nouveau royaume ses lois et sa constitution, et met ainsi fin à la domination des rois lombards, qui avait duré deux cent six ans.

Une guerre de trente-deux ans contre les Saxons fut signalée par la résistance du célèbre Witikind et par l'infatigable activité de Charlemagne. Ce conquérant porta le fer et le feu dans les forêts de la Saxe, fit décapiter aux plaines de Verden (Hanovre) quatre mille cinq cents prisonniers, et dispersa dans ses Etats plus de dix mille familles saxonnes. Mais ce fut surtout le christianisme qui dompta et civilisa les vaincus. Des évêchés, véritables colonies agricoles et militaires, remplacèrent les landes et les forêts de Paderborn, Munster, Osnabruck, Minden, Verden, Brême, Halberstadt, Hildesheim et Magdebourg. Ainsi Charlemagne civilisa la Saxe, prépara la conversion de l'Europe septentrionale, et opposa une barrière insurmontable aux tribus tartares, qui tentèrent vainement de percer, comme l'avaient fait jadis les Huns, la masse compacte des populations germaniques. — Au milieu de sa lutte contre les Saxons, Charlemagne reçut une ambassade des émirs de Saragosse et de Barcelonne, qui l'appelaient contre le khalife de Cordoue. Cet Omniade s'était séparé du khalifat des Abassides, et avait fait de l'Espagne une principauté indépendante. Charlemagne saisit cette occasion d'étendre ses conquêtes au delà des Pyrénées, s'empara de Pampelune et pénétra jusqu'à l'Ebre ; mais au retour l'arrière-garde de son armée fut assaillie par les Basques dans la vallée de Roncevaux et taillée en pièces. Le neveu de Charlemagne, Roland, resta sur le champ de bataille. La défaite de Roncevaux n'enleva point aux Francs leurs conquêtes en Espagne.

Vers 797, Charlemagne fut averti par le pape Adrien Ier qu'une ligue formidable s'était formée contre lui. Attaqué à la fois par les Lombards de Bénevent, par les Bavarois, les Avares et les Arabes, il les défait successivement, incorpore une partie de leurs Etats à la France, et fait embrasser la religion chrétienne aux Avares, qui se soumirent aussi au gouvernement des Francs.

Le pape Léon III, successeur d'Adrien Ier, ayant été chassé de Rome par des conspirateurs qui tentèrent de l'assassiner, implora de nouveau le secours et la protection de Charlemagne, qui vint lui-même le rétablir sur son siége pontifical, le 15 décembre 800. Le jour de la fête de Noël, le roi des Francs s'étant rendu pour faire ses dévotions dans l'église du Vatican, comme il était prosterné devant l'autel, le pape s'approcha de lui, posa sur sa tête la couronne des Césars et le sacra empereur des Romains. Cette consécration brisa les liens qui unissaient encore Byzance à Rome, et introduisit de nouveaux rapports entre les deux cours impériales.—Charlemagne eut des relations fréquentes avec tous les princes de son siècle : les Heptarques d'Angleterre sollicitèrent sa protection; les empereurs d'Orient et les khalifes recherchèrent son amitié. Une ambassade, envoyée au khalife de Bagdad Aroun-al-Raschid, en faveur des chrétiens orientaux, mit en rapport ces deux grands princes.

La domination de Charlemagne s'étendait sur un vaste empire, borné à l'ouest par l'océan Atlantique; au nord par l'océan Germanique, l'Eider et la mer Baltique; à l'est par l'Oder, la Theiss et une ligne allant de l'embouchure de la Theiss jusqu'à la mer Adriatique; au sud par le duché de Bénévent. La Corse, la Sardaigne et les îles Baléares lui appartenaient.

Le nom de Grand que la postérité a donné à Charles lui est bien légitimement dû. Il fit les plus grands efforts pour établir la centralisation administrative dans ses vastes Etats. Convaincu que pour civiliser le peuple il fallait d'abord l'éclairer, il institua des écoles où l'on enseignait la grammaire, c'est-à-dire la lecture, l'arithmétique et le chant d'église ; ces écoles existaient dans les cloîtres et dans les palais épiscopaux, les prêtres seuls étant alors lettrés : un moine anglais, Alcuin, fut appelé à sa cour pour diriger une de ces écoles. — Charlemagne parcourait son empire les armes à la main, songeait à tout et s'appliquait à tout. Il passait l'hiver et le printemps à Aix-la-Chapelle, et là il réunissait des *champs de mai* ou grands conseils, dans lesquels les évêques, les abbés, les seigneurs et douze hommes libres pris dans chaque comté, discutaient les capitulaires qu'il promulguait comme les lois. Ces capitulaires, où tous les états ont des devoirs tracés, sont un composé des anciennes lois romaines et des décisions des conciles; les articles qui traitent des mœurs furent obligatoires jusqu'au temps de Philippe le Bel. Charlemagne était d'une stature et d'une force étonnantes; les historiens s'accordent tous sur ses qualités privées. Il était simple dans ses goûts, économe et généreux.

Charlemagne partagea l'empire entre ses enfants. Il fit Pépin roi d'Italie et Louis roi d'Aquitaine. Ce dernier étant resté seul, il l'associa à l'empire. Il couronna ensuite son petit-fils Bernard roi d'Italie. Cependant la fin de ce règne si puissant présagea des désastres : les pirates du Danemark et de la Suède, qu'alors on appelait Northmans ou hommes du Nord, commencèrent à porter le ravage et la mort sur nos côtes. Charlemagne, dans le but de repousser ces irruptions, visita les ports et fit construire des barques. Il mourut lorsqu'il pouvait déjà prévoir les maux que ces avides barbares attireraient sur la France (814).

SUITE DE L'HISTOIRE DE L'EMPIRE D'ORIENT.

HÉRACLIUS. Dans les premières années du règne d'Héraclius, les Perses s'emparèrent d'Antioche, de Damas, de Jérusalem, et semblèrent un moment menacer la capitale de l'empire. Héraclius prend une résolution hardie; il transporte le théâtre de la guerre au delà du mont Taurus, remporte à Issus une victoire complète, reprend toutes les villes de l'Arménie et de la Syrie, gagne la bataille de Ninive, pille les trésors du roi de Perse et recouvre les anciennes limites de l'empire fixées par Trajan. Mais les ressources et les forces lui manquent pour résister aux Arabes, qui s'emparent de la Syrie et de l'Egypte ; il mourut vers le temps de la prise d'Alexandrie, accablé de chagrins et d'infirmités (641).

Constantin III mourut empoisonné au bout de quelques mois de règne. Héracloénas, qui lui succéda, fut déposé par le sénat. Constantin III, après avoir épouvanté pendant vingt-sept ans Constantinople par ses violences, mourut assassiné. Constantin IV livra les deux Mésies aux Bulgares, fit massacrer ses deux frères, et mourut exécré en 687.

Justinien II fut un monstre de férocité : il ordonna un jour le massacre général de tous les habitants de Constantinople. Le peuple, instruit de ce projet sanguinaire, s'empara de lui et le relégua à Cherson, après lui avoir coupé la langue et le nez. Léonce et Absimars-Tibère, qui lui succédèrent, moururent du dernier supplice, ainsi que Justinien III, qui fut livré au bourreau par Philippicus pour avoir fait passer au fil de l'épée tous les habitants de Cherson.

Philippicus se montra indigne de gouverner et fut remplacé par Anastase III, qui abdiqua peu de temps après avoir été élevé au souverain pouvoir. En lui finit la race Héraclienne (747).

Léon III l'Isaurien, fils d'un cordonnier, élevé à l'empire après l'abdication de Théodose III, repoussa les Musulmans qui assiégeaient Constantinople, brûla leur flotte, et fit avec succès la guerre en Sardaigne, en Sicile et en Italie. Il proscrivit le culte des images et mourut après vingt-quatre ans d'un règne qui ne fut pas sans gloire (744).

Constantin V souilla un long règne par des crimes affreux et par d'horribles persécutions contre les chrétiens. Après plusieurs années de revers, il mourut de la peste en 747.

Léon IV renouvela les erreurs des iconoclastes et exila même sa femme Irène parce qu'elle avait conservé quelques images. Après sa mort, Irène gouverna au nom de son fils CONSTANTIN VI, et déploya pendant sa régence tous les talents du plus habile souverain. Lorsque Constantin fut en âge de régner, il confina sa mère dans un château de la Propontide, d'où elle sortit bientôt; son premier acte fut de faire arrêter son fils, auquel elle fit crever les yeux, supplice dont il mourut trois jours après. Précipitée du trône à son tour par Nicéphore, Irène fut reléguée dans l'île de Lesbos, où elle mourut de misère, après avoir commandé à l'empire d'Orient et s'être vue, dit-on, sur le point d'épouser Charlemagne (802).

ANGLETERRE. — FIN DE L'HEPTARCHIE SAXONNE EN ANGLETERRE.

A la suite des guerres qui divisèrent l'Heptarchie saxonne, l'inégalité primitive avait amené entre les Etats des rapports de supériorité et de subordination, Wessex, Mercie et Northumberland dominaient sur les autres Etats rendus tributaires, lorsque Egbert le Grand fut élu roi de Wessex en 800. Ce monarque entreprit de soumettre à son autorité les sept royaumes de l'Heptarchie. Il fit d'abord passer à l'état de sujets les peuples tributaires de Kent, d'Essex, de Sussex et d'Est-Anglie, et soumit au tribut les royaumes indépendants de Mercie et de Northumberland. Depuis ce moment l'Angleterre peut être considérée comme ne formant qu'une seule monarchie. — Les descentes des Danois, commencées sous Egbert, en 832, et suspendues par ses victoires, devinrent plus fréquentes et plus terribles lorsque le partage du royaume, après la mort d'Ethelwelf (857) et les divisions des princes, ouvrirent l'Angleterre comme la France aux pirates du Nord. Les Northmans réussirent à former des établissements durables dans la Grande-Bretagne, et, secondés par l'alliance des Gallois et des Ecossais, ils subjuguèrent d'abord le Northumberland et l'Est-Anglie, et plus tard tout le royaume.

Alfred le Grand, le plus jeune des fils d'Ethelwelf, retarda pour un siècle le résultat futur de l'invasion danoise ; à son avénement au trône, les Danois étaient maîtres d'une partie de l'Angleterre ; sept ans de revers et de combats lui apprirent à vaincre et à régner. Tout semblait perdu pour lui lorsque la victoire de Devon lui rendit les Etats dont il avait hérité de ses frères et ceux que leurs défaites avaient livrés aux étrangers. Les Danois de l'Est-Anglie et du Northumberland reconnurent Alfred pour souverain et embrassèrent le christianisme ; les Northmans du dehors tournèrent leurs courses vers d'autres contrées. Dès ce moment, ce grand roi s'appliqua à se mettre à l'abri des attaques étrangères et à civiliser la nation anglo-saxonne. Londres, agrandie et fortifiée, devint la capitale et l'arsenal maritime du royaume.—Edouard l'Ancien, fils d'Alfred, prit le titre de roi d'Angleterre, qu'ont porté tous ses successeurs. Sous son règne et durant six autres règnes consécutifs, l'Angleterre n'eut rien à redouter des Northmans scandinaves.

FRANCE.—DÉMEMBREMENT DE L'EMPIRE DE CHARLEMAGNE.

LOUIS LE DÉBONNAIRE, empereur, et roi de France, parvint à la couronne l'an 814, à l'âge de vingt-six ans ; sa faiblesse laissa bientôt se relâcher les liens serrés par la force, et tout l'édifice de Charlemagne s'écroula en peu de temps. Louis partagea l'empire entre ses fils et s'associa l'un d'eux ; comme il ne put pas s'en faire obéir, il s'en fit des ennemis. Deux fois déposé par ses fils rebelles, deux fois rétabli par les seigneurs francs, il périt au moment où se renouvelait la guerre civile. Lothaire, Louis le Germanique et Charles le Chauve se disputèrent son héritage. Charles le Chauve fut roi de France, de Bourgogne et d'Aquitaine : il s'unit à Louis le Germanique pour faire la guerre à Lothaire, demeuré seul empereur, qui soutenait la cause du jeune Pépin II, dépouillé de l'Aquitaine. La bataille de Fontenay en Bourgogne où périt toute la fleur de l'ancienne noblesse, où le nombre des morts fut de plus de cent mille et où Lothaire et Pépin furent défaits, amena le traité de Strasbourg écrit dans les deux langues de l'empire, la romane et la tudesque. Lothaire n'osa combattre de nouveau ses frères réunis et demanda à traiter. On s'assembla à Verdun en 843, où on décida un nouveau partage par lequel l'empire fut divisé en trois royaumes indépendants les uns des autres; celui d'Italie appartint à Lothaire; celui de France, qui s'étendait en Espagne des Pyrénées à l'Ebre, à Charles le Chauve, et celui de Germanie à Louis le Germanique. — Le morcellement de l'empire carlovingien ne s'arrêta pas à cette division en trois royaumes; à la mort de Lothaire, ses fils Louis, Lothaire et Charles, se partagèrent son héritage : l'aîné eut l'Italie avec le titre d'empereur; le second le pays entre le Rhin, la Meuse et l'Escaut, qui reçut le nom de Lorraine; le troisième le bassin du Rhône, où se formèrent dans la suite les deux royaumes de Bourgogne cisjurane et transjurane (en deçà et au delà du Jura). Enfin la Navarre se détacha du royaume de France et forma un Etat particulier. De 843 à 848 l'empire de Charlemagne se trouva donc divisé en sept royaumes, qui se divisèrent bientôt eux-mêmes en principautés féodales.

Ici commence, à proprement parler, la France moderne qui est un démembrement de l'Empire français ou de la monarchie de Charlemagne.

Elle conserva longtemps les limites que le traité de Verdun lui avait assignées, et tout ce qu'elle possède aujourd'hui hors de ces limites a été progressivement annexé depuis le xive siècle.

Les Etats de Lothaire, manquant de limites naturelles, devinrent l'objet d'une longue suite de guerres entre les Allemands et les Francs, dont les mœurs et le langage se confondent presque dans ces contrées. D'un autre côté, les priviléges que les rois germains furent forcés de concéder aux grands vassaux conduisirent ceux-ci à l'indépendance, et les seigneurs français s'agrandirent de même aux dépens des faibles successeurs de Charlema-

gne, dont aucun ne sut tenir d'une main assurée les rênes de l'Etat.

Charles le Chauve fut donc, à vrai dire, le premier **roi**
de France.

INVASIONS DES NORTHMANS.

Sous Charlemagne, les Northmans, peuples venus du
Danemark, de la Suède et de la Norwége, qui avaient
pillé une partie de l'Allemagne et de l'Angleterre, choisirent la France pour le théâtre de leurs ravages. En 808,
on signala une de leurs flottes dans la Manche; cependant ils n'entreprirent rien cette fois sur les côtes de la
Neustrie. Sous Charles le Chauve, ils ravagèrent toute
la partie maritime de cette province. En 841 ou 842, ils
forcèrent l'embouchure de la Seine et s'avancèrent jusqu'à Rouen, qu'ils pillèrent et saccagèrent. En 845, ils
remontèrent la Seine, attirés par la richesse de Paris, de
ses églises et de ses monastères, pillèrent tout ce qu'on
n'avait pu soustraire à leur rapacité et livrèrent la ville
aux flammes. En 856, ces mêmes brigands débarquèrent
de nouveau dans la Neustrie, vers le mois de décembre,
s'avancèrent encore jusqu'à Paris, qui fut une seconde
fois réduit en cendres. Les invasions paraissant toujours
imminentes, les grands vassaux firent élever dans leurs
seigneuries des forteresses, qui cependant n'empêchèrent
pas les Barbares de reparaître à Paris en 861.

RÈGNE DE CHARLES LE CHAUVE. — ORIGINE DE LA PUISSANCE FÉODALE.

Les trois fils de Lothaire étant morts sans enfants, sa
succession, dévolue à Louis II, est usurpée par le roi de
France et par le roi de Germanie, qui se la partagèrent
par le traité de Mersen, bientôt violé par Charles le
Chauve, qui, à la mort de Louis II, se rendit maître de
l'Italie, se fit couronner empereur à Rome, et, l'année
suivante, roi d'Italie à Milan. — A la mort de Louis le
Germanique, Louis de Saxe réclama la possession d'une

partie de la Lorraine, battit Charles le Chauve sur le Rhin, tandis que son frère Carloman envahissait l'Italie. L'empereur, après avoir réglé les affaires de la France à l'assemblée de Quercy-sur-Oise, repasse en Italie où l'appelait Jean VIII; arrivé à Pavie, il est trahi par ses troupes, abandonné par ses seigneurs, et, n'osant attendre l'armée bavaroise, il s'enfuit et meurt empoisonné au pied du mont Cenis.

CONSTITUTION DE LA FÉODALITÉ.

Le règne de Charles le Chauve jeta en France les fondements de la féodalité en changeant la nature des bénéfices et les relations des seigneurs avec le roi, comme celle des hommes libres avec les seigneurs. Après la bataille de Fontenay, les seigneurs se plaignirent que le roi disposât à son gré de leurs soldats : leurs murmures épouvantèrent le roi, qui déclara dans l'assemblée de Mersen, en 847, que les seigneurs ne seraient tenus de suivre le roi à la guerre qu'en cas d'invasion étrangère. On décida, en outre, que les hommes libres, c'est-à-dire ceux qui possédaient des propres ou des terres qui jusque-là n'avaient connu d'autres seigneurs que le roi, pouvaient se recommander à qui ils voudraient, c'est-à-dire choisir pour seigneur le roi ou l'un de ses fidèles. Cette faute ne fut pas la seule que commit Charles le Chauve pour s'attacher les seigneurs par la reconnaissance : il renonça, dans l'assemblée de Quercy-sur-Oise, aux droits de reprendre les bénéfices concédés par ses prédécesseurs, et jeta ainsi les fondements de la puissance féodale. Les ducs ou gouverneurs de provinces, dit Hénault, les officiers d'un ordre inférieur, profitant de l'affaiblissement de l'autorité royale, rendirent héréditaires dans leurs maisons des titres que jusque-là ils n'avaient possédés qu'à vie.

Après la mort de Charles le Chauve, les comtes devinrent des seigneurs puissants, maîtres absolus dans les petits Etats qu'ils gouvernaient auparavant comme magistrats. La hiérarchie féodale se forma peu à peu; les possesseurs de grands fiefs prirent les titres de duc, de comte ou de baron. Les comtes, qui possédaient dans leurs districts des fiefs considérables, forcèrent les seigneurs moins puissants qu'eux à leur rendre hommage pour leurs domaines. De là naquirent les grands fiefs de la couronne, dont les possesseurs bravèrent si longtemps l'autorité des rois. — Les hommes libres qui ne possédaient pas des alleux (c'est ainsi qu'on appelait les terres qui n'étaient pas soumises à la féodalité) assez considérables pour former un fief ne purent entrer dans l'ordre féodal, car les seigneurs s'emparèrent de leurs héritages, et réduisirent les propriétaires légataires à la condition de serfs. Il n'y eut alors dans tout l'Etat que la noblesse formée de tous ceux qui avaient un bénéfice ou une terre allodiale érigée en fief, et des serfs, habitants des villes et des bourgs, qui furent appelés vilains ou manants. — Dans la noblesse, il y avait divers degrés ; le roi était seigneur suzerain de tout le royaume ; ses vassaux étaient les grands feudataires de la couronne. Les arrière-vassaux de la couronne étaient les vassaux directs des grands feudataires ; ils étaient tenus de prendre les armes pour leur service ; quant aux serfs, ils appartenaient corps et biens à leur seigneur : ils ne pouvaient ni se marier, ni contracter, ni sortir du fief sans sa permission. Chaque seigneur, maître absolu dans ses domaines, imposait sa volonté comme des lois. De l'exercice d'un pouvoir sans bornes usurpé par les seigneurs naquirent ces coutumes bizarres et les droits que s'arrogèrent les possesseurs de fiefs ayant exercice de haute et basse justice : les corvées, les droits d'entrée, de péage, d'escorte, de marché, la taille, le droit de prise, le droit de joyeux avénement, etc. Cet assemblage de tous les abus ayant mis le comble à la misère du peuple, on essaya de poser une digue au torrent féodal, et on décida dans le concile de Perpignan, en 1041, de réduire à trois jours et à trois nuits par semaine le temps où il était permis aux seigneurs de prendre les armes sans y être obligés par le service du roi, ou le soin de leur sûreté.

Les autres jours de la semaine, il leur fut défendu de se servir de leurs armes pour rançonner les voyageurs, piller leurs voisins, et pour ravager les biens de l'Eglise. Cette loi, qui suspendait les guerres privées du mercredi soir au lundi matin et renferme en elle tout l'esprit moral des temps féodaux, s'appelait la *trêve de Dieu*.

ANGLETERRE. — L'ANGLETERRE DEPUIS LA FIN DE L'HEPTARCHIE JUSQU'A LA CONQUÊTE DES NORMANDS.

Les Danois d'outre-mer recommencèrent leurs attaques pendant la minorité d'Ethelred II. Le succès d'une première descente engagea les rois de Danemark et de Norwége, Suénon et Olof, à tenter la conquête de l'Angleterre; mais les Anglo-Saxons obtinrent leur éloignement en consentant à payer l'impôt du danegeld. Ethelred ayant ordonné le massacre des Danois établis dans ses Etats, cette lâcheté provoqua le retour de Suénon, qui reparut avec une nombreuse armée, força Ethelred à se réfugier en Normandie, et se fit proclamer lui-même roi d'Angleterre; à sa mort, Ethelred parvint à ressaisir son autorité.

Canut le Grand, fils de Suénon, disputa à Ethelred, et ensuite à son fils Edmond, la puissance souveraine de l'Angleterre. Après un combat sanglant, les deux rois convinrent de se partager la domination du pays : le sud de la Tamise demeura à Edmond, et le nord à Canut. Edmond étant mort peu de temps après, Canut devint seul possesseur de tout le royaume. Par une politique sage et généreuse, il rétablit les lois d'Alfred le Grand, confondit les Danois et les Saxons dans la dispensation de ses faveurs, et mourut en laissant trois couronnes à ses trois fils : l'aîné régna sur la Norwége, Harold sur l'Angleterre et Canut sur le Danemark, puis ensuite sur l'Angleterre. — Harold, dont le règne fut de courte durée, rendit son nom odieux au peuple. Canut II, plus cruel et plus violent encore, mourut des suites d'une orgie, en 1042. Après leur mort, les Anglais élurent pour roi Edouard, surnommé le Confesseur, fils d'Ethelred II, dont le règne ne fut troublé que par des hostilités passagères avec les Gallois et les Ecossais.

Harold II fut proclamé roi d'Angleterre le jour même de la mort d'Edouard qui l'avait désigné comme étant le plus digne de lui succéder. Cette élévation au trône était faite au préjudice d'Edgard, petit-fils d'Edouard, et des prétentions de Guillaume, duc de Normandie. Harold se montra digne de la confiance de la nation, et le commencement de son règne promettait un bel avenir qu'allaient anéantir des événements extraordinaires. Guillaume de Normandie, pour faire valoir ses droits, lève une puissante armée, débarque dans le comté de Sussex, surprend Harold au moment où il venait de combattre et de vaincre une armée norwégienne débarquée en Northumbrie, gagne la bataille d'Hastings où Harold perdit la vie, et va se faire couronner à Londres, où il reçoit les serments du clergé et des chefs de la nation. Ce prince fit des réformes nombreuses ; il confisqua les biens de la noblesse anglaise, en forma des fiefs et des baronies qu'il donna aux seigneurs normands. Le français devint la langue de la cour et du gouvernement ; il établit la loi du couvre-feu, etc. Il mourut dans une guerre contre le roi de France Philippe Ier, 1087.

FRANCE.—FIN DE LA RACE CARLOVINGIENNE.

Charles le Chauve fut surpassé en faiblesse. Louis le Bègue eut à disputer l'empire qu'avait possédé son père avec Carloman, fils aîné de Louis le Germanique : Carloman l'emporta. Louis le Bègue fut sacré roi de France ; il eut beaucoup de peine à se soutenir, il démembra une partie de son domaine pour gagner les mécontents ; de là tant de seigneuries, de duchés, de comtés, qui furent possédés par des particuliers. Louis III et Carloman se partageaient le royaume. A leur mort on offrit la couronne à Charles le Gros, déjà couronné roi d'Italie et empereur, prince qui posséda presque tous les Etats de Charlemagne, qu'il ne sut pas conserver. Les Normands vinrent assiéger Paris ; Eudes, gouverneur de cette ville, et Goslin, son évêque, la défendirent vaillamment. Après deux ans de siège, l'empereur accourut avec une armée; mais les Normands l'épouvantèrent : il négocia avec eux, et leur livra des sommes immenses pour les engager à se retirer. Ce traité le fit déposer d'une voix unanime dans la diète de Tibor, en 887; le malheureux, sans asile, presque fou, mourut de misère, l'année suivante, dans un village de Souabe. — Arnould, fils naturel de Carloman, usurpa le royaume de Germanie. En France, Eudes, fils de Robert le Fort, s'empara de la couronne, qui appartenait à Charles le Simple, seul héritier mâle de la race carlovingienne. Charles le Simple ne recouvra le pouvoir que pour subir d'autres malheurs; Herbert, comte de Vermandois, le retint prisonnier dans le château de Péronne pendant les sept dernières années de sa vie. Ce fut à cette époque que des pirates saxons s'établirent dans la Neustrie, qui fut depuis appelée Normandie. Le roi envoya à leur chef Rollon sa fille Gisèle, qu'il lui offrit en mariage, avec la propriété de la Neustrie pour dot, en l'invitant à se faire chrétien et à se reconnaître son vassal. Rollon accepta la femme et la dot, mais sans la vassalité. Cet ancien chef de brigands rendit la Normandie prospère, fit des lois sévères contre le pillage, et son peuple devint agriculteur. — Raoul, duc de Bourgogne, profita de la captivité de Charles le Simple pour se faire couronner roi de France, et régna quatorze ans. — Hugues de France, dit le Blanc, un des plus grands seigneurs de France, aurait pu suivre l'exemple d'Eudes et de Raoul ; il préféra laisser monter Louis d'Outremer sur le trône, lui fit la guerre, et tantôt il le tint enfermé dans une forteresse, tantôt il lui donna la liberté, selon qu'il convenait à ses intérêts. — Lothaire, qui lui succéda, ne posséda guère que la ville de Laon; il mourut empoisonné par sa femme, et recommanda à Hugues le Grand son fils Louis V. surnommé le Fainéant, qui ne régna qu'un an. A sa mort, Hugues Capet, fils de Hugues le Grand, s'empara de la couronne au

préjudice du frère de Lothaire, en 987 ; il se contenta de
réunir ses parents, ses amis et ses propres vassaux, et de
se montrer en état de défendre sa dignité contre ceux des
seigneurs qui auraient voulu épouser les intérêts du dernier Carlovingien.

ALLEMAGNE. — EMPIRE D'ALLEMAGNE.

La race de Charlemagne, qui avait donné six empereurs
jusqu'en 888, occupa le trône impérial pendant vingt-
quatre ans après la déposition de Charles le Gros, et
fournit encore deux empereurs, Arnulf ou Arncul (887-
900), et Guy, auquel succéda Lambert. Après la mort de
Louis IV, dit l'Enfant, en qui s'éteignit la dynastie carlovingienne d'Allemagne (911), le trône devint électif, et
parmi les quatre grands vassaux, ducs de Franconie, de
Souabe, de Bavière et de Saxe, la nation assemblée fit
choix de Conrad, de la maison de Franconie, qui fut élu
à l'unanimité et reconnu de tous les peuples, excepté de
la Lorraine, qui se soumit à Charles le Simple. Conrad
désigna pour son successeur, aux suffrages de la diète,
Henri Ier, de la maison de Saxe (919-936), surnommé
l'Oiseleur, parce que les députés qui lui annoncèrent son
élévation le trouvèrent occupé à la chasse des oiseaux. Il
défit les Hongrois à la bataille de Mersebourg (933). Il
réunit la Lorraine à l'Allemagne, fonda et fortifia des villes,
disciplina les Allemands, et leur apprit l'art de la guerre ;
on lui attribue aussi l'invention des tournois. Il désigna
pour son successeur son fils Othon, auquel la postérité
a donné le nom de Grand.

Othon Ier, dit le Grand (936 à 973), fut élu par la nation
et couronné à Aix-la-Chapelle. Il s'empara du royaume
des Lombards, fut couronné roi d'Italie à Milan, et se fit
conférer à Rome la dignité impériale, qui dès lors devint
l'attribut de tous les souverains de l'Allemagne. Il entra
deux fois en Bohême, et reçut la soumission de Boleslas,
qui s'engagea à payer un tribut annuel, et mourut en
973, laissant la réputation d'un vaillant guerrier et d'un
habile administrateur.

La maison de Saxe ne donna que trois successeurs au grand homme qui avait rétabli l'empire : Othon II, Othon III, et Henri II. Tous les trois eurent à combattre les prétentions des grands vassaux allemands et italiens.

A la maison de Saxe succéda, en 1024, la maison Salique ou de Franconie. Conrad II, Henri III, Henri IV et Henri V, occupèrent successivement le trône, de 1024 à 1125. Tout puissant sous Henri III, l'empire rencontra une opposition redoutable sous Henri IV. De là une longue guerre qui se prolongea jusqu'au congrès de Worms, en 1122. Dans le cours de cette querelle, Henri IV fit déposer Grégoire VII et élire à sa place l'anti-pape Clément III, qu'il fit sacrer solennellement en 1084. Grégoire VII mourut après avoir excommunié Henri IV, excommunication qui fut renouvelée par le pape Urbain II. Le malheureux empereur, abandonné de tous les siens, déposé à la diète de Mayence, dépouillé par son propre fils, tomba dans un tel état de misère, qu'il fut réduit à mendier une place de lecteur dans une église qu'il avait fondée. On la lui refusa, et il mourut en 1106.

FRANCE. — DEPUIS L'AVÉNEMENT DE HUGUES CAPET JUSQU'A LA PREMIÈRE CROISADE.

A l'avénement de Hugues Capet au trône, la France était comprise entre l'Océan, la Manche, le Rhin, l'Helvétie, les Alpes, la Méditerranée et les Pyrénées ; mais Hugues Capet n'avait en pleine et entière souveraineté que le duché de France, dont Paris était la capitale, l'Orléanais, la Touraine, l'Anjou, des domaines en Champagne et en Picardie, et quelques forteresses dans d'autres provinces. Pour s'attacher les seigneurs, Hugues leur confirma à perpétuité les gouvernements et les seigneuries qu'ils avaient usurpés. La France devint alors un Etat entièrement féodal. Hugues Capet, aussi courageux qu'habile, sut maintenir son autorité, et eut la prudence de faire sacrer de son vivant son fils Robert (996). Hugues Capet mourut en 996.

Robert fut un prince très doux, charitable et pieux.

Henri Ier, qui lui succéda, eut à lutter contre son frère Robert, qu'il défit à Villeneuve-Saint-Georges, et contre son second frère Eudes, qu'il battit et fit enfermer dans la tour d'Orléans. Sous son règne, le pape Léon IX tint un concile en France, où on déclara le pape chef suprême de l'Eglise. — Le long règne de Philippe Ier, fils et successeur de Henri Ier, fut marqué par des événements remarquables. Guillaume le Bâtard, duc de Normandie, passa la Manche et conquit l'Angleterre. Le pape Grégoire VII rendit son pontificat célèbre par ses talents et par ses démêlés avec l'empereur d'Allemagne au sujet des investitures. Philippe répudia sa femme Berthe, sous prétexte qu'elle était sa parente. Epris de Bertrade, comtesse d'Anjou, il l'enleva et l'épousa. Excommunié par Urbain II, il se sépara de Bertrade, puis il la rappela (1095).

ITALIE. — CONQUÊTE DE L'ITALIE MÉRIDIONALE PAR LES NORMANDS.

Quatre peuples étrangers : les Grecs byzantins, les Lombards, les Allemands et les Sarrasins, se disputèrent pendant longtemps l'Italie méridionale. Dans les premières années du onzième siècle, quarante pèlerins normands, ayant abordé en Sicile, mirent en fuite les Sarrasins, qui assiégeaient Salerne. Rentrés dans leur patrie, ils décident trois cents chevaliers à passer en Italie; ils se mettent au service des princes lombards ou des ducs de Naples, où ils rétablissent le duc Sergius III, qui leur concéda des terres sur lesquelles ils s'établirent. Dix ans après, trois fils de Tancrède entreprennent la conquête de la Sicile, et échouent dans cette entreprise par la perfidie des Grecs. Ils repassent sur le continent, s'emparent d'une partie de la Pouille, que Léon IX leur abandonne avec le titre de comte. Peu après, Roger et Robert Guiscard se rendent maîtres des deux Calabres et s'arrogent la dignité ducale. A la faveur des discordes qui divisaient les Sarrasins, Roger passe en Sicile, prend Messine et fait la conquête de toute la Sicile, qu'il gouverne avec sagesse jusqu'en 1101. Pendant ce temps Robert prenait, sur la terre ferme, Bénévent, Salerne, mettait fin à la domination des rois lombards, s'emparait de Durazzo et faisait lever le siége de Rome à l'empereur Henri II. — Le fils de Roger hérita des conquêtes de son père et de son oncle, devint tout-puissant en Italie, et prit le titre de roi. En se rendant maître de Naples, il fonda le royaume des Deux-Siciles.

ITALIE. — RÉPUBLIQUES MARITIMES.

Depuis longtemps les Vénitiens se gouvernaient eux-mêmes, et les empereurs grecs n'avaient sur cette république qu'un patronage honorifique.

Charlemagne n'obtint d'eux que des serments stériles, et l'autorité de ses descendants ne dépassa jamais les lagunes. Depuis le milieu du neuvième siècle, le succès de la république allait toujours croissant, et vers la fin du dixième siècle elle dominait sur l'Adriatique. — Gênes et Pise sortirent de l'anarchie qui commença en Italie après la déposition de Charles le Gros en 888. Gênes eut une charte municipale dès l'an 958; Pise se donna à peu près les mêmes institutions dans le courant du dixième siècle. Ces deux villes furent pillées par les Sarrasins, la première en 936 et la seconde en 1005. Le besoin de s'unir contre l'ennemi commun leur fit conclure la première alliance; leurs flottes attaquèrent d'abord la Sardaigne, qui servait d'asile aux Musulmans. Les Génois s'établirent en Corse. Mais, les deux républiques ayant élevé des prétentions rivales sur cette île, il s'ensuivit de longues guerres qui amenèrent dans la suite la ruine de la puissance pisane.

SUITE DE L'HISTOIRE DE L'EMPIRE D'ORIENT.

Pendant l'espace de quatre cent trente ans, les annales byzantines présentent une succession uniforme de crimes, rarement interrompue par l'apparition de quelques princes guerriers et plus rarement encore par celle d'un prince vertueux.

NICÉPHORE LOGOTHÈTE surpassa ses plus cruels prédécesseurs. Il voulut châtier les Bulgares, dont les continuelles incursions désolaient l'empire ; mais il fut assiégé dans son camp, et perdit la vie après avoir vu son armée presque entièrement exterminée (808).

STAURACE, que Nicéphore avait associé à l'empire, fut dangereusement blessé en défendant son père, et mourut des suites de ses blessures (811).

MICHEL CUROPALATE, solennellement reconnu empereur, fut vaincu dans une attaque contre les Bulgares, déposé par son armée (811), et remplacé par Léon V, général habile, qui, après des succès divers, signa la paix avec les Bulgares. Ses violences et les crimes nombreux dont il se rendit coupable attirèrent sur lui la vengeance des opprimés, qui l'assassinèrent dans une église où il s'était réfugié (820).

MICHEL LE BÈGUE tenta de résister aux invasions des Sarrasins, et mourut (829) sans y être parvenu, laissant un empire chancelant à son fils THÉOPHILE, prince courageux, dont les entreprises guerrières furent rarement couronnées par le succès. Après sa mort (842), Théodora, sa veuve, fut nommée régente et gouverna avec prudence pendant la minorité de son fils MICHEL III, dit l'Ivrogne, prince qui encourut le mépris et la haine de ses sujets, et fut tué (867) par BASILE LE MACÉDONIEN, qu'il avait adopté pour son successeur. C'est sous son règne que Photius tenta d'établir de nouveaux dogmes· dans l'Église, et que prit naissance le schisme qui divisa l'Eglise latine et l'Eglise grecque. — L'empire parut reprendre sous Basile sa jeunesse et sa vigueur. Après avoir éprouvé plusieurs revers, il vainquit les Arabes, les chassa de leurs conquêtes et revint dans sa capitale avec de riches dépouilles et un grand nombre de prisonniers. Basile mourut après dix-huit ans d'un règne glorieux (886).

LÉON LE PHILOSOPHE, dans la pensée de terminer les désordres produits dans l'Eglise, chassa Photius et lui fit crever les yeux. Léon mourut en 911.

CONSTANTIN VII fut un des plus savants princes dont

il soit fait mention dans l'histoire ; entièrement livré aux sciences, il abandonna les rênes de l'empire à l'impératrice Hélène, sa femme, qui le fit empoisonner (963).

Les empereurs ROMAIN II, NICÉPHORE PHOCAS, TZIMICÈS, BASILE et CONSTANTIN IX, ROMAIN III, MICHEL IV et MICHEL CULOPHATE offrent une complication de règnes qui fatiguent sans fruit la mémoire (de 959 à 1042).

Le règne de CONSTANTIN IX est une des plus funestes époques de l'histoire d'Orient. Les Turcs envahirent l'empire, et le schisme préparé deux siècles auparavant par Photius fut alors consommé par Michel Cérularius. Théodora, qui avait été proclamée impératrice régnante avec sa sœur Zoé, succéda à Constantin (1054), et, deux ans après, laissa le trône à Michel VI (1056).

MICHEL VI était un vieillard faible et incapable, qu'un mouvement militaire renversa du trône en 1057. ISAAC COMNÈNE, proclamé empereur, abdiqua et se fit moine en 1059. DUCAS, qui lui succéda, vit les Turcs s'établir aux frontières de l'empire, et mourut en 1067. Eudoxie, sa veuve, épousa Diogène et le fit proclamer empereur sous le nom de Romain IV. Les Turcs menaçant toujours Constantinople, Romain les repoussa jusqu'en Perse, fut défait à son tour et fait prisonnier. Pendant sa captivité, un fils de Ducas se fit proclamer empereur sous le nom de Michel VI. A son retour, Romain voulut reprendre le pouvoir, mais il fut vaincu ; on lui creva les yeux et on le transporta dans l'île de Protée, où il mourut. Michel VI, surnommé Parapinace ou monopoleur de blé, fut détrôné par le peuple en 1078. NICÉPHORE BOTONIATE s'empara de la couronne, dont il fut privé en 1081 par Alexis Ier, qui commença la dynastie des Comnènes.

Alexis Ier fut un homme habile qui combattit les Turcs avec succès et eut à soutenir des luttes terribles contre les Normands ; vaincu par eux en Dalmatie, il parvint toutefois à en délivrer la Grèce, après en avoir fait un grand carnage. La première croisade eut lieu sous son règne, qui dura trente-sept ans et ne fut pas sans gloire (1118).

EMPIRE MUSULMAN.

Depuis la révolution qui renversa les Ommiades du trône de Damas, l'Empire mahométan se trouvait divisé en deux khalifats; les émirs d'Afrique s'étant rendus indépendants, le plus puissant d'entre eux finit par s'arroger le titre et les honneurs de commandant des fidèles. Le nombre des khalifats fut ainsi porté à trois.

KHALIFAT D'ORIENT.

En 750, ABOUL-ABBAS fut le premier khalife abbasside. ABOU-DJAFAR-ALMANZOR, son successeur, fonda, près du confluent du Tigre et de l'Euphrate, la ville de Bagdad, qui devint, en 762, la capitale des Abbassides ; il recula les frontières du khalifat jusqu'au Turkestan, à la Buccharie et à l'Asie Mineure. La protection qu'il accorda aux sciences commença l'illustration des Arabes, et prépara la gloire de ses successeurs. — MOHAMMED-MOHADI combattit les Grecs avec succès, et imita son père dans les encouragements qu'il accorda aux sciences et aux lettres; son courage dans la guerre égala sa générosité pendant la paix (784). — HAROUN, surnommé Al-Raschid ou le Juste, signala, dans un règne de vingt-trois ans, son courage dans huit expéditions entreprises contre les empereurs d'Orient, et porta son empire au plus haut degré de splendeur. On lui reproche le massacre de la famille entière des Barmécides (809). — AMIN, qui lui succéda, fut déposé, en 813, par son frère AL-MAMOUN, amateur des sciences et de la magnificence, auquel on doit la fondation de plusieurs écoles et l'établissement de l'observatoire de Bagdad. Il mourut en 820, et laissa sa puissance à son frère MOTOSSENS, qui fut le dernier des grands hommes de sa race. Il battit l'empereur Théophile à la bataille d'Ancorium, où trois cent mille chrétiens furent massacrés. La plupart de ses successeurs périrent d'une mort tragique (820-869). MOHAMMED gouverna l'empire pendant vingt-deux ans. Sous son règne prit naissance la secte antisociale des

Karmates, qui excita plusieurs guerres civiles, désola les provinces pendant un siècle et amena la décadence du brillant héritage d'Haroun Al Raschid. En 935, sous le khalifat d'Ibn-Rayer, il s'éleva de toute part des dynasties indépendantes, qui ne laissèrent au khalife que la ville de Bagdad avec la suprématie spirituelle. — De 997 à 1028, Mahmoud le Gaznévide s'empara d'Ispahan et éleva un puissant empire dans la Perse, sur les ruines de plusieurs dynasties. Massouh succéda à son père Mahmoud, en 1028. Dix ans après, les Turcomans, tribus nomades qui habitaient entre la mer Noire, la mer Caspienne et l'Oxus, renversèrent la domination des Gaznévides, et fondèrent la dynastie des sultans seldjoucides d'Iran, qui s'emparèrent de l'Arménie, de la Cappadoce, de la Syrie, et qui se divisèrent ensuite pour former les sultanies de Roum, d'Alep, de Damas et de Kerman, tributaires du royaume de Perse.

MUSULMANS D'ESPAGNE. — KHALIFES OMNIADES D'OCCIDENT (CAPITALE Cordoue).

Les guerres d'Abdérame Ier contre les partisans des Abbassides lui ayant fait perdre la Septimanie, il transporta en Espagne les sciences et la magnificence des Arabes (756-788). Haschem Ier et Al-Hakem Ier assurèrent leur domination par la crainte et par la force (788-822). Abdérame II, dit le Victorieux, fut un prince humain et affable pendant la paix, intrépide et infatigable pendant la guerre; il chassa les chrétiens de ses États (822-852). Mohammed Ier continua les persécutions contre les chrétiens. Pendant tout son règne il eut à combattre des luttes intestines, et mourut avec la douleur de n'avoir pu les réprimer (852-886). Almansor fut tué dans une guerre civile en 889, et fut remplacé par son frère Abdallhah (942), lequel nomma pour son successeur son petit-fils Abdérame III, à juste titre surnommé le Grand. Il releva la puissance et la gloire du khalifat, tenta vainement de s'emparer de la Navarre, combattit avec succès les chrétiens au val de Jonquerra, étouffa plusieurs rébellions qui s'élevèrent dans ses Etats, protégea les sciences et les arts, s'occupa de l'embellissement de ses palais, et, pendant les cinquante années que dura son règne, étonna les souverains qui l'entouraient par sa magnificence (912-961). AL-HAKEM II fit fleurir l'agriculture et le commerce, et fut un des plus savants hommes de son temps (961-976). HESCHAM II remporta plusieurs victoires sur les chrétiens espagnols, entra en vainqueur en Galice et pilla les trésors de Saint-Jacques de Compostelle. Cette profanation souleva les souverains d'Espagne, qui prirent les armes, défirent Almansor, général d'Hescham, à Medina-Celi, en l'an 1000. L'indolent Hescham II fut remplacé par Hescham III, dont la déposition mit fin au Khalifat de Cordoue, sur les débris duquel s'élevèrent les royaumes de Murcie, de Grenade, de Saragosse, de Malaga, de Tolède, de Badajoz, des Algarves, de Majorque, de Cordoue, de Séville et de Valence.

MUSULMANS D'AFRIQUE.

Les khalifes abbassides avaient été reconnus en Afrique; mais les émirs qui les représentaient ne tardèrent pas à se rendre indépendants, et ils régnèrent bientôt en souverains. EDRIS-BEN-EDRIS fonda en 788 la dynastie des Edrissites, dans la Mauritanie, dont Fez devint la capitale. En 800, IBRAHIM-BEN-AGLEB devint chef de la dynastie aglabite, qui régna sur l'Afrique carthaginoise, et dont Kairoan était la capitale. En 827, les Aglabites s'emparent de la Sicile, qui devient le centre d'opérations de flottes musulmanes. — OBEIB-ALLAH détrôna les Edrissites et les Aglabites, et établit sa domination sur une grande partie de l'Afrique septentrionale (908). ABUL-KASSEM s'empara d'Alexandrie en 912. MOEZ-LEDINI-ILAH prit le titre d'émir des Croyants, et établit définitivement sa résidence au Caire, qu'il fonda en 968. HAKEM défendit aux chrétiens le pèlerinage de Jérusalem, détruisit le Saint-Sépulcre, et mourut assassiné. — A la fin du onzième siècle, le khalifat d'Afrique avait atteint son plus haut degré de puissance ; il se prolongea jusqu'à l'an 1171, où il fut aboli par Saladin.

LES CROISADES.

La ville de Jérusalem, qui avait été détruite par Titus l'an 70, fut rebâtie sous Adrien en 131. Sous le règne de Constantin, les lieux saints furent purifiés et le Calvaire enfermé dans une immense basilique. En 615 Jérusalem fut un moment occupée par les Perses. En 637, elle tomba, avec toute la Syrie au pouvoir des khalifes, fut reprise par Nicéphore Phocas et ensuite par Zémiscès, puis retomba au pouvoir des khalifes d'Egypte en 953. Haken, l'un deux, persécuta cruellement les chrétiens et renversa l'église du Saint-Sépulcre.

Dès les premiers siècles du christianisme, les lieux qui furent le berceau de la foi étaient fréquentés par de nombreux pèlerins. La conquête de la Syrie par les Arabes rendit ces voyages plus rares ; cependant la plupart des khalifes avaient laissé aux chrétiens le libre exercice de leur culte. Mais, après la persécution d'Hakem, les pèlerinages devinrent plus difficiles et plus dangereux et ils ne se faisaient plus qu'en troupes nombreuses. L'évêque de Cambrai partit pour la Palestine avec trois mille pèlerins, en 1054. Le courage des Arabes s'étant affaibli, l'Orient fut livré au pouvoir anarchique d'un grand nombre de sultans et d'émirs ; le joug des chrétiens devint plus dur, on outragea et on massacra des pèlerins dans Jérusalem. Un de ces pèlerins, Pierre l'Ermite, qui avait été le témoin des profanations des lieux saints et des douleurs des fidèles, se présenta devant le pape Urbain II, et lui peignit avec feu les maux dont il avait été témoin. Urbain le chargea de se rendre près des monarques chrétiens et de les engager au nom de Dieu à partir pour aller secourir les chrétiens de la Palestine. En 1095, Urbain convoqua une assemblée à Clermont en Auvergne, où la croisade est résolue, aux cris de *Dieu le veut !* Tous ceux qui se trouvaient présents reçurent des mains du pape de petites croix d'étoffe rouge que chacun cousait

sur ses vêtements, d'où les guerriers reçurent le nom de
croisés, et leur expédition celui de *croisade*. L'enthou-
siasme de la noblesse et des masses pour ces guerres saintes s'explique par les motifs religieux qu'on fit valoir auprès d'elles et qui pouvaient tout alors. — Pierre l'Ermite
et Gauthier sans Avoir partirent à la tête de soixante mille
hommes, qui précédèrent la grande armée. Cette multi-
tude répandit la dévastation sur son passage, elle périt
tout entière par le fer, la faim et la misère avant d'être
arrivée en Asie. La véritable croisade fut dirigée par
Godefroy de Bouillon, Raymond, comte de Toulouse,
Bohémond, Trancrède, le légat du pape Adhémar de
Montreuil, évêque de Puy. Plus de cinq cent mille hommes se réunirent sous les murs de Constantinople, où
Alexis leur fournit des vivres et des vaisseaux pour
passer en Palestine. Godefroy de Bouillon et ses guerriers s'emparèrent de Nicée, d'Antioche, et arrivèrent
épuisés, au nombre de vingt mille hommes seulement,
sous les murs de Jérusalem ; le 15 juillet 1099, ils prirent
cette ville d'assaut, en massacrèrent les habitants et élurent pour roi Godefroy de Bouillon. Les assises de Jérusalem réglèrent les rapports des feudataires, des ecclésiastiques et des bourgeois. Ce fut dans l'intervalle de la
première à la seconde croisade que furent fondés les deux
ordres religieux et militaires, 1° *des Hospitaliers* (l'ordre
de Malte), par Gérard de Martigues et dont Raymond
du Puy fut le premier grand maître, 2° des *Templiers*,
par Hugues des Payens.

SECONDE CROISADE (DE 1147 A 1149).

Cette croisade fut proclamée par le pape Eugène III et
prêchée par saint Bernard, abbé de Clairvaux, qui donna
la croix au roi de France Louis le Jeune et à l'empereur Conrad III à Vezelay. L'empereur se met en marche
sans attendre le roi de France, arrive à Constantinople,
entre dans l'Asie Mineure, où son armée est presque
entièrement détruite. Louis arrive à son tour, remporte
d'abord une grande victoire sur les bords du Méandre ;

mais, quelques jours après, l'armée surprise dans un défilé essuie une sanglante défaite. Louis arrive enfin en Syrie, à travers mille obstacles, et va mettre le siége devant Damas avec Conrad et Baudouin III; mais l'entreprise échoue par suite de la division des croisés. Conrad et Louis rentrèrent en Europe avec la douleur d'avoir sacrifié la fleur de leurs guerriers et de n'avoir pu délivrer les chrétiens du joug des Musulmans.

TROISIÈME CROISADE (DE 1189 A 1193).

Sous les successeurs de Baudouin III, Saladin gagne sur Guy de Lusignan la célèbre bataille de Tibériade; il fait prisonnier le roi de Jérusalem, se rend maître de Saint-Jean-d'Acre, de Césarée, de Béryte et enfin de Jérusalem. A la nouvelle de ce désastre, une nouvelle croisade fut entreprise sous le pontificat de Clément III. Les chefs furent l'empereur Frédéric Barberousse, Philippe Auguste et Richard Cœur de Lion. Frédéric part le premier avec une armée de cent mille hommes, qui périt presque tout entière en Asie, et meurt lui même, entraîné par son cheval dans le Cydnus où avait failli se noyer jadis Alexandre le Grand. Philippe et Richard se rendent en Syrie par mer, trouvent les croisés occupés au siége de Saint-Jean-d'Acre, et s'emparent de cette place après de vaillants combats. Philippe Auguste se hâta de retourner en France. Richard signala sa vaillance par d'inutiles exploits; abandonné par les autres croisés, il fut forcé de conclure une trêve avec Saladin sans avoir pu délivrer Jérusalem. De retour en Europe, il fut arrêté par le duc d'Autriche et languit longtemps prisonnier. Ce fut pendant la 3me croisade que fut établi, par Henri de Vadepott, l'*Ordre Teutonique*, dont les membres se dévouaient au service des pauvres pèlerins et à la défense de la Terre Sainte.

QUATRIÈME CROISADE (DE 1202 A 1204).

Cette expédition eut pour chef Baudouin, comte de Flandre, Boniface, marquis de Montferrat, le doge de

Venise Dandolo, Thibaut, comte de Champagne, et pour historien Villehardouin. Elle n'eut aucune influence sur le sort de la Terre Sainte. Les croisés prirent Constantinople d'assaut et livrèrent cette ville au pillage. L'empire fut ensuite partagé entre les vainqueurs, Baudouin fut élevé à la dignité impériale; Boniface fut fait roi de Thessalie; les Vénitiens obtinrent Pera, Corfou, Candie et les plus belles possessions maritimes. Quelques lambeaux de l'empire grec, échappés à la conquête, tombèrent en partage à des princes byzantins.

CINQUIÈME CROISADE (DE 1217 A 1221).

Innocent III parvint à faire décider une nouvelle croisade, qui s'exécuta sous son successeur Honorius III. Elle eut pour chef André II, roi de Hongrie, et Jean de Brienne, roi titulaire de Jérusalem. Cette expédition eut de remarquable, qu'elle indiqua aux chrétiens l'Égypte comme le pays où ils devaient chercher et combattre les oppresseurs des chrétiens. André ayant été bientôt rappelé en Hongrie par une révolte, Jean de Brienne, resté chef de la croisade, s'empara de Damiette; mais il essuya des revers considérables, fut obligé de demander la paix et il fut bientôt contraint de retourner en Europe.

La croisade entreprise par l'empereur d'Allemagne Frédéric II peut être regardée comme la suite de celle dont nous venons de parler.

Frédéric II, croisé depuis quinze ans, ayant été excommunié pour sa négligence à s'acquitter de son vœu, se décida enfin, sur l'offre que lui fit le sultan d'Egypte, de lui livrer Jérusalem. Il entra en effet dans cette ville sans combat. Mais, comme il était excommunié, aucun évêque ne voulut consentir à lui donner l'onction royale et il fut obligé d'accourir défendre sa couronne impériale que le pape Grégoire IX avait posée sur la tête de Henri, landgrave de Hesse.

SIXIÈME CROISADE (DE 1248 A 1254).

Un vœu, que fit saint Louis pendant une cruelle maladie et qu'il renouvela après sa guérison, l'engagea dans les guerres saintes, malgré les représentations de sa mère. Accompagné de sa femme Marguerite, de ses frères, des ducs de Bretagne, de Hugues de Lusignan, du comte de la Marche et de l'historien Joinville, il s'embarqua à Aigues-Mortes, débarqua dans l'île de Chypre, où il mit fin aux querelles qui divisaient les chrétiens de la Palestine, aborda en Egypte, assiégea et prit Damiette, où l'on perdit un temps précieux à attendre et à délibérer. Après un premier succès à Mansoura, les maladies et la famine anéantirent son armée. Fait prisonnier avec tous les siens par les Musulmans, saint Louis les força d'admirer sa magnanime résignation. Après avoir rendu Damiette pour sa rançon, il quitta l'Egypte et se rendit en Palestine, où il demeura quatre ans. Il revint enfin en France où le rappelait la mort de sa mère la reine Blanche, à qui il avait confié la régence du royaume, désolé par les pastoureaux.

SEPTIÈME ET DERNIÈRE CROISADE (1270).

Les horreurs que les Mahométans commettaient en Italie, et surtout le désir de briser les fers des chrétiens prisonniers, déterminèrent saint Louis à une seconde croisade. Les suggestions intéressées du roi de Sicile, et l'espoir de convertir le bey de Tunis, le déterminèrent à aborder en Afrique. L'armée française débarqua sous les ruines de Carthage et mit le siége devant Tunis. La peste se déclara dans l'armée des croisés : le légat du pape, le roi de Navarre, le duc de Nevers, en furent les premières victimes. Saint Louis lui-même succomba sous le fléau qui décimait son armée; il expira avec le courage d'un héros et la pieuse résignation d'un chrétien.—Un monument a été élevé en 1841, près du lieu où il expira, sur le monticule de l'ancienne Birsa, à six lieues de Tunis.

FRANCE. — DE LOUIS LE GROS A CHARLES VII.

Louis le Gros se trouva possesseur d'un royaume assez paisible, mais réduit au seul duché de France et à quelques seigneuries. Il passa sa vie à batailler contre ses propres vassaux, fit avec succès la guerre au roi d'Angleterre, Henri Ier, qu'il força à demander la paix. De son règne date le commencement de l'affranchissement des communes et des serfs des campagnes. Ce fut sous Louis le Gros, au sacre de son fils Louis le Jeune, que douze des plus grands vassaux de la couronne, séculiers et ecclésiastiques, qui devaient porter la main au diadème et poser la couronne sur la tête du roi, prirent le nom de *pairs,* pour désigner l'égalité de leurs droits.

Louis VII, dit le Jeune, accrut pour un temps le domaine de la couronne de l'Aquitaine et du Poitou, par son mariage avec Eléonore, qu'il fit la faute de répudier à son retour de la seconde croisade. Celle-ci épousa Henri Plantagenet, auquel elle porta en dot ces provinces, dont la possession devint le sujet d'une longue guerre entre la France et l'Angleterre.

Philippe Auguste, roi politique et guerrier, vainquit le roi d'Angleterre, qui possédait la moitié de la France, et se croisa avec son successeur, Richard Cœur de Lion. A son retour, il envahit la Normandie, qui ne fut toutefois réunie à la couronne que sous Charles V. Il chassa les Juifs de France par un édit, et autorisa la croisade contre les Albigeois. L'empereur et le comte de Flandre s'étant ligués contre lui, il les vainquit à la bataille de Bouvines. C'est le premier des rois de France qui tint sur pied des troupes soldées. Sous Philippe Auguste l'ignorance commença à se dissiper; on lui doit la création de l'Université. Ses lois et ordonnances pour l'administration publique lui assurent une des premières places parmi nos bons rois.

Louis VIII affranchit les serfs de ses domaines, prit sur les Anglais le Poitou et la Rochelle et se serait rendu maître du Languedoc si la mort ne l'avait surpris inopinément.

Louis IX, qui fut sanctifié pour ses vertus, eut avec la valeur militaire et le courage politique la constance et les vertus du véritable chrétien. Il vainquit à Taillebourg et à Saintes les Anglais, se croisa deux fois, et mourut avec résignation devant Tunis. On lui doit des lois ou établissements pour régir la partie de la France qui lui obéissait directement.

Philippe, surnommé le Hardi à cause du courage qu'il déploya en Afrique après la mort de son père, réunit à la couronne le Languedoc par héritage et une partie du Poitou, entreprit de venger sur les Espagnols le massacre des Vêpres Siciliennes, s'empara de Gironne, et mourut devant Perpignan.

Philippe le Bel accabla le peuple d'impôts, et excita des séditions en altérant les monnaies. Après avoir battu les Flamands en plusieurs rencontres, il perdit la bataille de Courtray, où périrent plus de vingt mille Français. Philippe le Bel acquit le Lyonnais, et réunit par alliance la Champagne à la couronne. On lui doit la convocation des premières assemblées du royaume (en 1302). Un événement fameux de son règne est le procès des Templiers.

L'événement le plus mémorable du règne de Louis le Hutin est l'affranchissement d'une grande partie des serfs des campagnes. Il réunit à la couronne la Navarre, qu'il tenait de sa mère.

Philippe le Long se distingua particulièrement par la persécution des Juifs, des lépreux et des sorciers.

Charles le Bel guerroya pendant quelque temps avec Edouard Ier, roi d'Angleterre, auquel il finit par remettre la Guienne, dont s'était emparé Philippe le Bel. *Il a été sévère justicier, en gardant le droit à chacun*, dit Dutillet. En lui s'éteignit la première branche des Capétiens.

Le règne de Philippe de Valois fut un enchaînement de calamités. Il perdit contre les Anglais la bataille navale de l'Ecluse et la bataille de Crécy, soutint en Bretagne une guerre furieuse que se faisaient le comte de Montfort et Charles de Blois, et eut la douleur de voir les Anglais s'emparer de la ville de Calais.

Jean le Bon eut à soutenir une guerre contre le prince de Galles, qui le battit complétement à la bataille de

Poitiers, le fit prisonnier, et l'envoya captif à la tour de Londres. La liberté lui fut rendue moyennant la cession de près de la moitié du royaume et de quatre millions d'écus d'or. Dans l'impossibilité où il se trouva de payer cette somme, Jean retourna à Londres où il mourut ; mais la paix de Bretigny avait abandonné à l'Angleterre la Gascogne, le Poitou, la Saintonge, le Périgord, le Limousin, Cahors, Rodez, l'Angoumois, la Rochelle et Calais. Sous le règne de Jean, le duché de Normandie et les comtés de Champagne et de Toulouse furent réunis à la couronne.

Sous Charles V, les Anglais furent chassés d'une partie de la France par du Guesclin. Ce monarque encouragea l'enseignement, et jeta les fondements de la Bibliothèque Royale.

Charles VI, n'ayant que douze ans à la mort de son père (1380), fut placé sous la tutelle de son oncle le duc d'Anjou, qui pilla complétement le trésor. Charles VI épousa, en 1385, Isabeau de Bavière, *en qui tout était vice, cruauté et désordre ;* il devint fou en 1391, au moment où le royaume était divisé par les factions des Bourguignons et des Armagnacs. Pendant les quarante-deux malheureuses années que dura son règne, l'histoire eut à enregistrer les insurrections des Cabochiens et des Maillotins ; les assassinats du connétable de Clisson, du duc d'Orléans et du duc de Bourgogne ; l'invasion de la Normandie par les Anglais ; la perte de la désastreuse bataille d'Azincourt ; l'entrée triomphante dans Paris d'un roi étranger, marié à la fille du souverain, et les plus horribles excès que puissent enfanter les guerres civiles, compliquées de la famine et de maladies contagieuses.

A la mort de Charles VI, le fils du roi d'Angleterre, âgé de dix mois, fut proclamé roi de France à Paris et à Londres. Le Dauphin prit le nom de Charles VII. Stimulé par Agnès Sorel, secondé par la valeur de Richemont, de la Hire, de Dunois, de Xaintrailles, de Barbezan, de la Trémouille et de Jeanne d'Arc, il s'empara successivement des places de Montargis, d'Orléans, de Châlons, de Chartres, de Paris, de la Normandie, de la Guyenne et de la Gascogne. Talbot fut vaincu et les Anglais furent définitivement chassés de France. Jeanne d'Arc fut le principal agent de ses succès. Simple bergère, elle alla à Chinon annoncer au roi que le ciel la destinait à le faire sacrer à Reims, ce qu'elle exécuta. Prise par les Anglais au siége de Compiègne, ils la brûlèrent à Rouen comme sorcière en 1431.

La fin du règne de Charles VIII fut heureuse, et Louis XI, qui monta sur le trône en 1461, mit la monarchie complétement hors de la tutelle des grands vassaux.

ANGLETERRE. — DEPUIS LA CONQUÊTE DES NORMANDS JUSQU'A HENRI VI (1066-1461)

Guillaume le Conquérant tyrannisa l'Angleterre, et pendant un règne de vingt et une années il eut à réprimer des révoltes qui coûtèrent beaucoup de sang. — Guillaume le Roux gouverna pendant treize ans avec un sceptre de fer; il perdit la vie à la chasse. — Henri Ier, quatrième fils de Guillaume le Conquérant, s'empara du trône au préjudice de Robert, frère de Guillaume le Roux; il fut heureux dans la guerre comme dans la paix et fit fleurir les arts. — Mathilde, fille unique de Henri Ier, avait seule des droits à la couronne; mais Etienne de Blois, neveu de Henri Ier, s'en empara, et pendant vingt-neuf ans qu'elle lui fut contestée par le parti de Mathilde, il éprouva des alternatives continuelles de succès et de revers : il fut fait prisonnier, fut relâché, et, à sa mort, le fils de Mathilde, Henri II, lui succéda. Henri fut la tige des Plantagenets. qui donna pendant trois siècles des rois à l'Angleterre. Son règne est fameux par la conquête de l'Irlande, par l'assassinat de Th. Becket, archevêque de Cantorbéry, par l'emprisonnement du roi d'Ecosse, et par l'acquisition de l'Anjou, de la Guyenne et autres provinces de France.

Richard Cœur de Lion fut le tyran de ses sujets. Il remporta une grande victoire en Palestine sur le sultan Saladin; à son retour, il fut emprisonné par le duc d'Autriche, pendant que le roi de France Philippe Auguste envahissait ses États. — Jean sans Terre, qui lui succéda, fut mauvais roi, mauvais fils et oncle dénaturé ; il fit périr son neveu Arthur, légitime héritier de la couronne, et fut dépouillé d'une partie de ses domaines par le roi de France. On lui doit la grande Charte, qui est devenue le fondement de la liberté des Anglais, et l'origine de la chambre des lords. — Henri III, prince inhabile, s'efforça en vain de secouer le joug de l'aristocratie ; elle confirma et étendit ses droits par le statut d'Oxford, s'allia avec les communes contre la royauté, et appela au parlement les représentants des bourgs et des comtés; ce fut l'origine de la chambre des communes. — Edouard Ier fit la conquête du pays de Galles; vainqueur des Ecossais, il mit sur le trône Bailleul au préjudice de Bruce, et fomenta ainsi la haine qui subsista depuis entre les Anglais et les Ecossais. — Edouard II, jouet des favoris qui compromettaient son honneur et celui de la nation, fut déposé par un acte du parlement. — Edouard III fut longtemps en guerre avec l'Ecosse, dont il fit le roi prisonnier. Il disputa la couronne de France à la maison de Valois, et se signala par les victoires de Crécy et de Poitiers. Il établit en l'honneur de la comtesse Alix de Salisbury l'ordre de la Jarretière, resté un des cinq grands ordres de l'Europe. — Richard II tomba deux fois du trône, fut forcé d'abdiquer et mourut assassiné. — Henri IV, qui avait provoqué l'abdication de Richard II, se fit proclamer roi à sa place et fit périr tous les partisans du roi déchu. Plusieurs conspirations éclatèrent sous son règne et furent réprimées par la hache du bourreau. C'est sous ce règne que commencèrent les funestes divisions des maisons d'York et de Lancastre, connues sous les noms de *Rose Blanche* et de *Rose Rouge*. — Henri V fut dans sa jeunesse un prince débauché qui se livra à toutes sortes d'excès. Le premier acte de son pouvoir, lorsqu'il fut roi, fut de chasser de sa présence tous ses anciens compagnons de débauche. Il s'entoura d'un conseil pris parmi les plus probes serviteurs de son père. Henri V gagna la bataille d'Azincourt, et par le traité de Troyes fut appelé à succéder au roi de France Charles VI, au préjudice de Charles VII. — Henri VI, nommé roi de France lorsqu'il était encore au berceau, n'eut pas la possibilité de faire valoir ses droits à cette couronne, les Anglais ayant été chassés de France par la valeur des grands capitaines qui commandaient pour Charles VII. Sa minorité et son règne furent troublés par les querelles des maisons d'York et de Lancastre, à la suite desquelles le duc d'York parvint à le détrôner et à se faire nommer à sa place sous le nom d'Edouard IV.

ALLEMAGNE. — EMPIRE D'ALLEMAGNE.

HENRI V. Le pape Pascal II refusa de couronner Henri V, à moins qu'il ne renonçât au droit des investitures. Henri fit arracher de l'autel le souverain pontife, et obtint par force ce qui lui avait été refusé; il fut excommunié, et sa réconciliation avec le Saint-Siége n'eut lieu que sous Calixte II. — Lothaire II, de la maison de Saxe, dut son élévation à ses talents militaires. — La maison de Souabe, qui régna de 1138 à 1254, montra peu le sentiment de sa dignité. Conrad III fut le premier empereur de cette maison: Henri de Bavière s'étant opposé à son élection, cette dissidence fut l'occasion d'une longue guerre entre les Welft et les Weiblingen (les Guelfes et les Gibelins). Les Guelfes s'allièrent avec les papes, les Gibelins soutinrent souvent les empereurs. — Frédéric Barberousse, successeur de Conrad, voulut imposer sa domination en Italie; la ligue lombarde se forma pour s'opposer à ses conquêtes. Délaissé deux ans après par Henri le Lion, il fut défait à la bataille de Legnano, et obligé de conclure la paix avec les villes lombardes. Quelques années plus tard, le traité de Constance assura l'indépendance de la Lombardie et le triomphe de l'Eglise sur l'Empire. Frédéric mourut dans la troisième croisade, laissant l'empire à son fils Henri VI, qui conquit les Deux-Siciles, fit crever les yeux aux fils du roi Tancrède, condamna au supplice tous ses partisans, et mourut empoi-

sonné par sa femme, dont il avait exterminé la famille.
Les règnes de Philippe et d'Othon IV présentent une
continuité de luttes intestines, dont la papauté profita
pour s'élever à l'apogée de sa puissance. — Frédéric II,
de la maison de Hohenstaufen, fut maître de l'Allemagne
et des Deux-Siciles; il voulut aussi imposer ses lois aux
villes lombardes; mais le pape Grégoire IX s'y opposa,
ce qui occasionna une lutte acharnée entre l'empire et le
Saint-Siége. — Conrad IV défendit ses Etats contre Guillaume de Hollande. Guillaume, son successeur, périt
dans une affaire contre les Frisons, Alors commença
pour l'Allemagne le grand interrègne qui ne finit qu'à
l'élection de Rodolphe de Habsbourg.

En 1273, pour mettre fin à l'interrègne qui durait depuis 1256, les archevêques de Cologne, de Trèves, de
Mayence, le roi de Bohême, le margrave de Brandebourg,
les ducs de Bavière et de Saxe, s'arrogèrent le droit d'élire
à eux seuls le souverain de l'empire d'Allemagne. Réunis
en diète à Francfort, ils appelèrent au trône impérial
Rodolphe de Habsbourg, qui réduisit à l'impuissance la
domination féodale, releva la dignité impériale, et mit
fin à la longue querelle du Saint-Siége et de l'Empire.
A sa mort, les électeurs choisirent pour lui succéder
Adolphe de Nassau, qu'ils déposèrent pour ses déporte-
ments, en 1296, et auquel succéda Albert Ier, prince actif,
sous lequel s'opéra l'émancipation de la Suisse, qu'il
tenta de ramener à l'obéissance; il périt, assassiné par
son neveu, au passage de la Reuss. — Henri VII, élu à sa
place, conçut le dessein de rétablir la puissance impériale
en Italie, et aurait peut-être pu y parvenir, lorsqu'il fut
empoisonné. Charles VI, élu par le pape Clément IV,
ajouta à l'Empire le Brandebourg, la Silésie et la Bohême,
qui était le centre de la puissance de sa famille. Il eut pour
successeur, comme empereur et roi de Bohême, Ven-
ceslas que sa honteuse conduite et ses déprédations firent
déposer par la diète de Francfort. — Robert, de la maison Palatine, ne fut en quelque sorte que le vassal des
seigneurs auxquels il devait son élection. — Le règne de

Sigismond, de la maison de Luxembourg, fut particulièrement célèbre par le concile de Constance, tenu dans le but de faire cesser le schisme d'Occident, et par la guerre qu'il soutint contre les Hussites. Sigismond laissa une fille qui, par son mariage avec Albert d'Autriche, réunit sur sa tête les couronnes de Bohême et de Hongrie. Albert II fut élu empereur, mais il ne régna que deux ans. Dans une diète qu'il assembla à Nuremberg, l'Allemagne fut divisée en six cercles : d'*Autriche*, de *Bavière*, de *Franconie*, de *Souabe*, du *Rhin* et de *Westphalie*. — Frédéric III (1440-1493) fut le dernier des empereurs couronnés à Rome.

SUITE DE L'EMPIRE D'ORIENT.

A la mort d'Alexis commence cette période de deux siècles, qui se termine par la ruine entière de la Grèce régénérée. JEAN COMNÈNE combattit avec succès les Musulmans et les Hongrois (1145).

MANUEL COMNÈNE eut des succès en Sicile, ravagea la Dalmatie et la Hongrie, essaya de reconquérir l'Egypte, et mourut dans un habit de moine, en 1180.

ALEXIS II COMNÈNE fut assassiné, ainsi que sa mère, en 1183 par ANDRONIC COMNÈNE, qui s'empara du trône, se gorgea du sang de ses sujets, et commit les plus atroces cruautés. Las de ces excès, le peuple s'empara de sa personne, et lui fit subir pendant trois jours les plus horribles supplices (1185).

ISAAC L'ANGE répara les maux qu'avait faits Andronic. Son frère ALEXIS III le renversa du trône, lui fit crever les yeux et s'empara du pouvoir; il fut renversé lui-même par Lascaris, qui lui fit aussi crever les yeux, retira de la prison où il était enfermé Isaac l'Ange, et le replaça sur le trône, en lui associant son fils, ALEXIS IV. Les Grecs s'étant soulevés contre les deux empereurs, DUCAS MURZUPHLE se fait proclamer empereur, et fait étrangler Alexis. Les croisés, qui faisaient alors le siège de Constantinople, étant parvenus à s'emparer de cette ville, Murzulphe s'enfuit, et BAUDOUIN, comte de Flandre, fut élu empereur par les électeurs français et vénitiens. Les Bulgares ayant envahi l'Empire, Baudouin essaya de leur résister, et fut pris par ces barbares, qui le firent mourir après une dure captivité (1185-1217).

Henri, qui lui succéda, battit les Bulgares, et mourut empoisonné à Thessalonique, dont il s'était emparé. — Pierre de Courtenay, élu par les barons de Constantinople, fut assassiné par Théodore Comnène, et eut pour successeur son fils, Robert de Courtenay, qui mourut en 1228. On vit alors quatre empereurs en Orient : Robert à Constantinople, Vatace à Nicée, David Comnène à Trébizonde, et Théodore Comnène à Thessalonique.

Baudouin II fut le dernier empereur latin. Assiégé trois fois dans Constantinople, dont finit par s'emparer un des généraux de Jean Lascaris, il abandonna l'Empire, et se retira en Italie, où il mourut en 1261.

EMPEREURS DE NICÉE.

Théodore Lascaris, proclamé empereur en 1204, fut un monarque courageux, dont la gloire jette un vif éclat sur cette sombre agonie de l'empire (1222).

Vatace son successeur obtint de grands succès contre les Latins, et fit avec avantage la guerre en Bulgarie (1236).

Théodore-Louis Lascaris réussit aussi dans ses guerres contre les Bulgares, et mourut en 1259.

Jean Lascaris fit son entrée à Constantinople, d'où son tuteur Michel Paléologue VIII l'exila en Bithynie. Après lui avoir fait crever les yeux, Michel Paléologue étendit sa domination sur tout l'Empire grec. Les peuples furent heureux sous son règne : s'il n'eut pas toutes les vertus d'un roi, il en eut du moins les talents (1283).

A cette époque, l'histoire des Turcs se lie intimement avec celle du Bas-Empire. Andronic II eut des vertus privées, mais il manquait des qualités nécessaires à un souverain. Il tenta en vain de s'opposer aux succès des Turcs qui ravageaient l'Asie Mineure et la Thrace sous la conduite d'Othman, et fut déposé par son fils Andronic III, sous le règne duquel les Turcs se rendirent maîtres d'une partie de la Grèce. JEAN CANTACUZÈNE fut élu par l'armée, dont il était l'idole, au préjudice de Jean Paléologue. Il s'allia avec Othman, qui s'était emparé de toute la Thrace et laissa l'empire turc à son fils Amurat Ier dont le caractère belliqueux menaçait d'une ruine prochaine Constantinople. Pour n'en pas être témoin, Jean Cantacuzène abdiqua en faveur de JEAN VI PALÉOLOGUE, qu'Amurat réduisit à la possession de la seule ville de Constantinople, dont il se serait sans doute emparé s'il n'eût éprouvé un échec en Servie, où il fut assassiné. Son fils Bajazet imposa un tribut à Jean Paléologue, ravagea le midi de la Grèce, s'empara de toutes les villes, et tint Constantinople assiégée pendant cinq ans. Dans l'intervalle, il vainquit l'armée de Sigismond, roi de Bohême et le fit prisonnier. Mais bientôt Tamerlan, grand khan des Mongols, après avoir ravagé pendant deux ans les provinces de Bajazet, le fit prisonnier à la bataille d'Angora, et le réduisit à une dure captivité. Mahomet Ier et Amurat II augmentèrent encore les conquêtes de Bajazet, et l'empire n'offrait plus qu'un vaste champ de débris, lorsque Jean VI Paléologue mourut dévoré de honte et de chagrin (1448).

CONSTANTIN PALÉOLOGUE, qui lui succéda, employa tous ses efforts pour préserver de sa ruine Constantinople, dont Mahomet II, successeur d'Amurat, avait juré de s'emparer. Malheureusement toutes ses précautions ne purent préserver la capitale de l'empire grec de sa destinée. Mahomet II l'investit le 6 avril 1453, et la prit d'assaut le 29 mai de la même année. Constantin combattit avec courage, et périt vaillamment sur la brèche; Mahomet lui fit rendre pompeusement les honneurs de la sépulture (1453). L'établissement de l'empire turc sur le sol de l'Europe ne tarda pas à exercer une grande influence qui se fit remarquer dès le xvie siècle où la France parut pour la première fois comme l'alliée du sultan.

3040-76.— Boulogne (Seine). — Imprimerie JULES BOYER.